JN134653

新警察民法
〔改訂版〕

山川 一陽

改訂版まえがき

　本書は，警察官の仕事に関連して生じてくる諸問題について，これを適正に解決していくために必要とされる民法の基本的な知識について解説を加えるものである。警察官の仕事の多くの部分は，刑法や刑事訴訟法などの刑事関係法規が中心となるものであるが，これを考えるに当たっても，その前提として民法に関する知識がどうしても必要とされることも少なくない。また，そればかりではなく，警察官の仕事には市民の生活安全や防犯その他市民生活とのかかわりの深い領域があり，これらについては民法の一通りの知識があることがどうしても要求されることになる。このような観点から，本書においては，民法全体についての基本的な知識をなるべくわかりやすく説明するということに努めた。また，本書のページ数で民法の全体を説くことは不可能でもあることから，なるべく警察官の仕事との関連がありそうなところに特化して説明を絞ったところも多いことを付け加えておきたい。

　民法は，最近，財産法について大改正といってもよい法改正があり，また，同時に家族法の中の相続法についての大幅な改正がなされている。財産法改正の施行期日は平成32年4月1日，未成年者規定改正（18歳以上成人）は平成34年4月1日，相続法の改正については原則として平成31年7月1日とされている（相続法の改正は改正事項ごとに施行期日が異なっている）ところから，本書は，これらの改正を前提として執筆している。

　旧版同様，本書についても十分な活用がされることを希望している。

　なお，本書の改訂に当たってはせわしい日程の中で立花書房の安部義彦氏には大変にお世話をお掛けした。

　　　平成30年12月

　　　　　　　　　　　　　　　　　　　　　　　　　　　　山川一陽

まえがき

　本書は，警察官の仕事に関連して生じてくる諸問題について，これを適正に解決していくために必要とされる民法の基本的な知識についての解説を加えるものである。これを通じて警察官がその仕事について必要とされる基本的な民法の理解をはかっていただきたいと考えている。警察官の仕事についても民法の基本的な知識が必要となることを理解し，本書を通じて得られた知識を基礎としてさらに高度な勉強にまで立ち向かっていただきたいと考える。

　本書を活用すればおよそ20時間程度の講義によって民法の基本についての一通りの知識が身につけられるような配慮がされている。活用していただきたいと考える。

　本書は，もともと，法務省民事局田邊参事官が書かれたものを，その後の法律改正や判例・学説の変更などを考慮して全面的に書き換えたものである。もとの説明や記述の巧みなところは多く残すようにしてきたつもりである。

　立花書房の谷口出版課長には本書執筆の機会をあたえていただき，同時に本書の全体構成などについてのアドヴァイスや校正などでも大変にお世話になった。ここに記して感謝したい。

　　平成13年 3 月

　　　　　　　　　　　　　　　　　　　　　　　　　　　　山川一陽

目　次

第1章　民事法の特色 …………………………………… 1

第1　民　事　法 …………………………………… 1
1　民事法の基本原理 …………………………………… 1
2　民事法と刑法，行政法 …………………………………… 4

第2　警察官と民法 …………………………………… 6
1　刑法の解釈と民法 …………………………………… 6
2　民事紛争と刑事事件 …………………………………… 7
3　民事事件の絡む告訴，相談 …………………………………… 8

第2章　所有権（物の得喪） …………………………………… 10

第1　物とは何か …………………………………… 10
第2　物の分類 …………………………………… 10
1　代替物と不代替物 …………………………………… 10
2　消費物と非消費物 …………………………………… 11
3　可分物と不可分物 …………………………………… 11
4　特定物と不特定物 …………………………………… 11

第3　動産と不動産 …………………………………… 11
1　土　　地 …………………………………… 11
2　土地の定着物 …………………………………… 12

第4　民法上の物と刑法上の物（財物） …………………………………… 12
1　刑法上の物 …………………………………… 12
2　物の価値 …………………………………… 12

第5　占　　有 …………………………………… 14
1　民法上の占有 …………………………………… 14
2　刑法上の占有 …………………………………… 15
3　占　有　権 …………………………………… 15

目　次

第6　所　有　権 …………………………………………… 16
　　1　所有権の取得 ……………………………………… 17
　　2　売買・贈与・相続 ………………………………… 17
　　3　即時取得 …………………………………………… 19
　　4　先占・拾得・発見・添附 ………………………… 19
　　5　盗品および遺失物の特則 ………………………… 22
　　6　手形，小切手等の特則 …………………………… 24
　　7　時　　　効 ………………………………………… 25

第3章　契　　約 …………………………………………… 26

第1　契約の当事者 ………………………………………… 26
　　1　能　　　力 ………………………………………… 26
　　2　法　　　人 ………………………………………… 28
　　3　代　　　理 ………………………………………… 30

第2　無効の契約 …………………………………………… 32
　　1　公序良俗違反 ……………………………………… 32
　　2　心裡留保 …………………………………………… 34
　　3　虚偽表示 …………………………………………… 35

第3　契約の取消し ………………………………………… 35
　　1　錯　　　誤 ………………………………………… 36
　　2　詐欺による意思表示 ……………………………… 37
　　3　強迫による意思表示 ……………………………… 39
　　4　行為能力の欠陥 …………………………………… 39
　　5　民法の詐欺，強迫と犯罪 ………………………… 41

第4　法令に違反した内容の契約 ………………………… 42

第4章　契約に関連して紛争を生じやすい法律関係 …… 44

第1　所有権主張の限界 …………………………………… 44
　　1　所有権の限界 ……………………………………… 44

	2	相隣関係··45
第2		借金の法律関係··47
	1	借用証書・署名・押印··48
	2	利息と担保··50
第3		借家人，借地人の権利と家主，地主の権利·······················55
	1	借地借家法等の特別法の民法に対する特則としての意義·······56
	2	供　　託···58
第4		理由なき利得の効果··59
	1	不当利得···59
	2	非債弁済···59
	3	不法原因給付··60
第5		損害賠償··61
	1	債務不履行··61
	2	契約解除···63
	3	不法行為···63
第6		権利の実現と救済···71
	1	権利を侵害された場合の救済手段·····································71
	2	民事訴訟と刑事訴訟の相違···77
	3	警察官と証人出廷···78

第5章　親　　族··79

第1		親族の範囲··79
	1	六親等内の血族··79
	2	配　偶　者··80
	3	三親等内の姻族··80
	4	尊属と卑属··80
第2		親族関係の発生と消滅··81
	1	出生・認知・死亡···81
	2	婚姻・離婚・婚姻の取消し・死亡·····································81

目次

- 3 普通養子縁組と特別養子縁組 …………………………………… 82
- 第3 親族間の婚姻禁止 ………………………………………………… 83
  - 1 血族間の婚姻禁止 …………………………………………… 83
  - 2 直系姻族間の婚姻禁止 ……………………………………… 84
  - 3 法定血族間の婚姻禁止 ……………………………………… 84
- 第4 親族であることの法律的意味 …………………………………… 85
  - 1 刑事法との関係 ……………………………………………… 85
  - 2 親族間の義務 ………………………………………………… 85
  - 3 親　　権 ……………………………………………………… 86
- 第5 婚姻の意義と効果 ………………………………………………… 87
  - 1 婚姻の実質的要件 …………………………………………… 87
  - 2 婚姻の形式的要件 …………………………………………… 87
  - 3 婚姻の無効，取消し ………………………………………… 87
  - 4 婚姻の効果 …………………………………………………… 88
  - 5 離　　婚 ……………………………………………………… 89

第6章 相　　続 …………………………………………………………… 90

- 第1 相続の意義 ………………………………………………………… 90
  - 1 相　続　権 …………………………………………………… 90
  - 2 相続能力 ……………………………………………………… 91
  - 3 相続欠格 ……………………………………………………… 91
  - 4 廃　　除 ……………………………………………………… 92
  - 5 遺　　言 ……………………………………………………… 92
- 第2 相　続　分 ………………………………………………………… 94
  - 1 法定相続分と配偶者居住権 ………………………………… 94
  - 2 指定相続分 …………………………………………………… 95
  - 3 特別受益者の相続分 ………………………………………… 95
  - 4 寄与分制度【「相続人による寄与」と「相続人以外の寄与」】…… 96
  - 5 遺　留　分 …………………………………………………… 97

第3　借金と相続……………………………………………………98
　　1　限定承認………………………………………………………98
　　2　財産分離………………………………………………………99
　　3　相続の放棄……………………………………………………99

第7章　民事事件と警察官…………………………………………101

　第1　民事事件と刑事事件…………………………………………101
　　1　権利の行使と犯罪……………………………………………102
　　2　債務不履行と犯罪……………………………………………102
　　3　不法原因給付と犯罪…………………………………………104
　　4　即時取得と犯罪………………………………………………105
　　5　民事訴訟手続と犯罪…………………………………………106
　第2　民刑事の交錯する事件の処理（告訴・告発）……………106

事項索引

第1章　民事法の特色

第1　民事法

　警察官は犯罪とそれに対する刑罰に関する刑事法については，知識をもっているが，いわゆる民事法については弱いといわれている。それは，警察官の仕事が刑事法の分野により多く，事件が民事事件であるときは，捜査機関はこれに介入してはならないという**民事不介入の原則**が守られるところから，民事法の知識は必要でない，という誤解にはじまって，民事法がますます縁遠い存在になっているからであろう。ところが民事不介入の原則も，実は，何が民事法であるか，事件が民事か刑事かということについての正しい判断があってこそ，守られうる原則であり，そのためには，民事法の十分な理解が前提になっていることを忘れてはならない。本書はこのような立場で，警察官に必要な民事法，主として民法の知識を解説することを目的とする。

　一般に刑事法に対して，私法関係に関する法を総称して民事法というが，その範囲は民法，商法などの実体法と，その実体法の規定を運用するための民事訴訟法，民事執行法，非訟事件手続法などの手続法にまで及んでいる。

　そこで民事法の知識の第一歩として，民事法の特色について説明しよう。

1　民事法の基本原理

(1)　**私有財産制度の保障**

　資本主義社会においては，財貨を私有することが保障される。私有した財貨を交換することによって人の経済生活が満足される。物を売り，買い，あ

るいは貸し借りすることの前提として，それぞれの人が物を所有し，人々が互いに相手方の物の所有を認め合うということが認められなければならない。このような物の私的所有の権利の認められる制度のことを**私有財産制度**といっているが，近代的な民主主義国家では国の基本的な法律である憲法がこれを尊重し，この制度を保障している（憲29）。

(2) 契約自由の原則

近代的民主国家においては，個人が経済的活動を営むことは全く自由で，昔の専制国家のようにその活動に制限を加えられ，その身分によって区別されるようなことはない。個人の自由と平等は経済生活では資本主義，法律制度のうえでは私的自治，**契約自由の原則**としてあらわれてくる。契約自由の原則は私的生活における個人の自由が，人と人との間で，それぞれの自由意思に従って約束をとりかわすという作用となってあらわれてきたものである。契約自由の原則は個人の自由意思を尊重する建前から発展したが，自由意思にもとづく自由な契約，自由な経済活動は，やがて巨大な企業を発展させ，経済的な弱者は，大きな富の力をもった大企業，経済的な強者に対抗できなくなり，その間には大きな経済的格差を生ずることになる。そこで，国家がこのような経済的な弱者を保護するため契約自由の原則を修正することによって，実質的な平等と自由をはかるようになった。その例が，労働関係の法，農地法，私的独占の禁止及び公正取引の確保に関する法律，その他の経済法令の立法である。

(3) 公共の福祉・信義誠実の原則

民法第1条第1項は「私権は，公共の福祉に適合しなければならない」と規定する。**私権**とは私法上の権利であり，人の経済的社会的生活関係において特定の利益を受ける力である。契約自由の原則は，人が契約によって私権を実現する自由を保障するが，契約によって私権を実現する行為は，**私権の行使**といわれ，わが民法はその私権が公の利益に適合するように行使されるべきことを規定している。このことは憲法が，国民の権利と自由が公共の福祉のために利用され，国家は**公共の福祉**に反しない範囲で国民の権利と自由を尊重しなければならないと規定していること（憲12・13）を，民事法の原則

として，民事法のうえで規定したものである。私権が公共の福祉に従わねばならないという原則は土地の所有権について（民209以下，相隣関係），あるいは土地の工作物についての無過失賠償責任（民717）や，土地収用，土地改良などの特別法にあらわれている。

　土地の所有権を例にとってみよう。土地が豊かに存在し，ほしい者には誰でも自由に使えるものであれば，土地の所有権というようなものを認める必要はない。しかし需要に対して土地が足りないから，ある法律上の要件を備えている者にだけ，土地を支配することを認める，すなわち土地の所有権を認めることによって，土地の利用についての秩序づけをしているのである。したがって土地の所有権は，社会の秩序と関係なしに地主個人を保護するためのものではなく，地主の所有権を保護することによって土地に関する秩序を守るためのものである。いいかえると，権利は権利者個人のためだけにあるのではなく，社会公共のためにあるともいえるのである。だから権利の行使は公共の福祉に従うべきものであって，権利の行使が逆に社会の福祉を脅かすようなことは，権利の本質に反するというべきである。

　私権の行使が公共の福祉に従うという原則は，公の立場からする自由の制限と考えられるが，一方，個人の利益を享受する権利を保障するために，個人間の約束ごとが，互いに守られるという原則が必要となる。これが**信義誠実の原則**（信義則）といわれるもので，互いに相手方を信頼し，誠実に行動するという建て前をいう（民1②）。

(4)　権利濫用の禁止

　貸金の返済を請求することは，債権者の権利には違いないが，深夜，大声で債務者の玄関口で催促するとか，反対に債務者が借金さえ返せば文句はなかろうと，債権者の顔面に借金を叩きつけて返すというようなことでは，貸主と借主の間の信頼しあうという契約関係はその根底で崩れてしまう。双方が信義に従い誠実に権利を行使し義務を果たさなければ契約というものの秩序は成り立たない。すなわち個人が権利を行使する自由を保障される反面，その権利行使は社会の進歩向上に役立つような形で行使されなければならない。公の秩序や善良の風俗（公序良俗）に反する方法や信義誠実の原則に反

する方法で権利を行使するときは，**権利の濫用**となり，このような権利行使はその効果が発生しないものとして扱われる。あるいはこのような行為が不法行為となって損害賠償の請求を受けることもありうる。たとえば隣の井戸を涸渇させる目的で自分の土地に深い井戸を掘ること，隣の通風採光を妨げるために，他に広い空地があるのにわざわざ境界ぎりぎりのところに，建物をたてるようなことは，所有権の濫用に当たるものであって，権利行使としてはその保護を受けえないものである。権利濫用の禁止は民法第1条第3項に規定されるが，企業の発達にともない，その権利を正当に行使する場合にも，鉱毒，煙害，水質汚染などのいわゆる公害問題が論議され，一般の第三者に損害を及ぼすようなときには，企業に何らの過失がないときも，その損害を賠償すべきものとされる場合が多い。この場合の企業の責任は，いわゆる**無過失責任**の問題としてとらえられ，権利行使の社会的責任，社会的意義についての重要な問題とされるのである。

2　民事法と刑法，行政法

民事法とは，私法関係に関する法の総称であるが，法の分野を，その対象とする事柄によって分類すると，**公法**と**私法**に分かれる。公法の対象は公的生活関係，国家的生活関係であり，私法の対象は私的生活関係，社会的生活関係といえよう。この分類では，憲法，行政法，刑法など，国家や公共団体を構成する人の生活関係を対象とするものは公法であり，民法，商法など私人としての生活関係を対象とするものは私法である。いわば公法は人の上下，縦の関係（権力関係ともいう），私法は人の平面，横の関係（平等対立関係ともいう）を規律する法であるといえよう。

私法である民法が人の横の関係を規律するという意味は，人が他人との間で売買し貸借するとき，その行為が第一に人と人との約束は誠実に履行されるものであるという信頼関係を基礎として成り立つものであるが，その約束をどういうときに有効に破りうるか，破られた約束ごとの始末はどうつけるかなど私人間の取引行為のよるべき基準というものが示され，その基準どおりの事柄がとり行われるためには，最後に国家がその実現を保証してくれる

手続が用意されているということである。これに対して公法である行政法や刑法が人の上下，縦の関係を規律する。すなわち民法が対象とする私人間の取引であっても，経済的な弱者を保護するためには，国家がその取引の内容にたちいって，売買の価格が不当に定められないようその取引の仕組を監督するというような作用を営むために，国家権力の行使として特別の経済法規を定めて，これを権力の力で一般私人に守らせ，あるいは私人間の取引で約束違反が行われた場合に，その違反が信義誠実の原則からかけ離れた反道徳的な部類に入るような行為に対しては，これを詐欺，あるいは横領などという犯罪として刑罰を加える作用を営むことがある。この場合の行政法規や刑罰法規は私人間の取引が正しくとり行われるための最終的な手段として，刑罰というものを用意しているわけである。

このように，私法である民事法が私人間の取引や財産を保護する作用を営み，公法である行政法規で不当不正な取引を抑え，更に公法である刑事法が私人間の取引の最低限度守られなければならない道徳的，倫理的な基準を示し，刑罰でこれを裏打ちすることによって私人間の正常な取引，財産の保護という役割を果たしていることになる。

このように公法と私法，刑事法と民事法という法のそれぞれが車の両輪のような関係をもって社会秩序の維持，個人の利益の保護という作用を営んでいるのであって，決して無縁のものではないのである。

(注) 過失責任の原則　民法は，故意も過失もない者は，その行為の結果などについての責任を負わないという根本原則をとっている。われわれの社会生活が協力と競争の生活である以上，ある事業を営むために十分の注意を払ったにもかかわらず他人に損害を加えたという場合にまで，その責任を問われ損害を賠償するということでは，われわれの社会生活は進歩しない。このように故意・過失のない者は責任を負わないという原則を**過失責任の原則**といっている。しかし，公害といわれるような損害は現在の技術では防ぎえない必要悪だといわれることが多く，このような場合その事業者に故意も過失もないから責任がないとすることは公平の観念に反する。そこで大きな利益の帰する事業者に責任も帰するという立場で**無過失責任主義**ということが唱えられ，特別の立法がなされている。

第2　警察官と民法

1　刑法の解釈と民法

　放火罪は，その侵害される利益が公共に関する利益であるところから公益犯罪とよばれる。ところが刑法は，放火にも公の利益を害し公共の危険を生ずる行為のうちで，放火の対象が自分の所有物か，否かということでその刑に差別を設ける場合がある（刑109・110等）。建物が，自己の所有か他人の所有かは，民法の解釈によって決められる。非現住家屋に放火した場合，その家屋が他人名義に登記されてはいるが，犯人がこれを買い取り，すでに家屋の代金全額を支払って，その家屋の引渡しを受け，ただ家屋の所有権移転登記手続だけが終わっていない場合，この犯人の放火は自己の所有家屋に対するものか，他人所有の家屋に対するものかが問題とされる。この問題は，民法の所有権の移転と対抗要件である登記の関係を，刑法上どのように考えるかによって決せられることとなる。さらに刑法第115条は，自己所有の非現住建造物や建造物以外の物に対する放火でも，その建造物や物について差押えを受け，物権を負担し，賃貸し，保険に付しているときは他人の物に放火した場合と同じ刑責を問うているから，この場合にも，その条文の解釈適用について民法や民事訴訟法，商法などの知識が必要となる。もっとも，所有といい，差押え，物権，賃貸借，保険というような概念は，われわれの日常生活で常識化した用語であって，ことさら民事法の専門的知識は必要でないと考えられがちであるけれども，刑罰法令の適用に際しては，これらの簡明な用語の背後で仕組まれている複雑な取引関係が存在することが多く，簡単な民事法の用語の解釈だけでは事足りない場合が多いのである。

　財産犯罪について，刑法は親族相盗の規定を置いている。親族の概念はいうまでもなく民法親族編に定めることであるけれども，もし，外国人を日本刑法で処断する場合はどういうことになるであろうか。日本国内に居住する外国人が親族相盗の例による窃盗罪を犯したとしよう。刑法第244条の「親族」

は日本民法によれば六親等内の血族，配偶者，三親等内の姻族とするが（民725），犯人である外国人とその親族関係の有無を定める親族の範囲は，日本国籍をもたない外国人について日本民法を適用することはできない。この問題は，いわゆる国際私法の問題として**法の適用に関する通則法**（平成18年3月21日法律78号）の定めるところによって解決されるのである（同法33ほか参照）。

　これらの例は，個々の刑法条文にあらわれている民法の概念を中心にして考えたのであるが，いわゆる知能犯罪といわれる詐欺，横領，背任，文書偽造などにあっては，そのすべてが民事法の権利義務の関係の上にたっているのであって，構成要件に該当するかどうか，可罰的な違法性があるかどうかについて，民事法の知識が不可欠のものとされるのである。

2　民事紛争と刑事事件

　民事紛争は刑事事件に発展することが多い。民事紛争は当事者の主張する権利と権利の衝突，権利に対する義務履行の回避などを原因として生ずるが，権利を主張しこれを行使しようとする者が，正当な権利の内容に適合した権利行使をする場合は，原則として刑事事件に発展することはない。ところが権利行使が正当な権利行使の方法を逸脱したり，権利の内容からはみだした場合に刑事事件が発生することがある。

　たとえば，質物を預かっている質権者がその権利の範囲内で転質しても，転質（民348）が質権者の権利である以上横領罪は成立しないけれども，債権取立のためにとった手段が，権利の行使として社会一般に許されるような程度を逸脱した恐喝手段であると，債権の額いかんにかかわらず，そのような手段で債務者から交付を受けた金員の全額について恐喝罪が成立する（最判昭30.10.14）。この場合，債務者が債権者の権利行使に対して任意に履行する場合には刑事事件に発展することはなかったはずで，債務者が普通の方法では履行しないとか，債権の時効消滅を主張したり，一部弁済がされていることを主張したりする場合に，債権者と債務者の間でその権利と義務をめぐって紛争を生じ，やがてその権利の実行が犯罪に発展するという形をとるのが普通である。このほか権利が発生するような法律上の原因がなく，したがっ

て名目は**権利行使**といっても，実質は無権利であるのに権利行使を口実に行われる財産犯罪もある。

その他，私法上の権利が侵害されその侵害が法律上の保護を求めるには，あまりにも緊迫した場合に，権利者が自ら自己を救済する**自力救済**の場合も，民事上の紛争から刑事事件に発展するひとつの型であろう。たとえば，他人に無権限で建造物を設置された土地所有者が裁判所に仮処分などの権利保護を求めるいとまがなく，すぐにでもこの建造物を撤去しないと権利の回復が困難になるとして，その建造物をこわしてしまうというような場合である。

3　民事事件の絡む告訴，相談

民事紛争が刑事事件に発展した場合は，警察官は当然の職務としてこれを捜査処理しなければならない。

110番に強盗事件の急訴申告があった。現場にかけつけた警察官に対し，被害を申告した商店主は，路上のトラックに積み込まれた商品は自分の所有であり，突如トラックを乗りつけた債権者がこれを無理に積み出して持ち去ろうとしている，数人の人夫が搬出したもので，これを阻止しようとしたが突きとばされとても手におえない，強盗だ，と訴える。一方債権者と称する男は，商店主がこれまで納入した商品代金を支払ってくれぬばかりか，すでに不渡処分を受けたと聞いたので，まだ代金を受け取っていないから自分の納めたこの商品だけでも取り戻そうと思うから当然の権利として引き取るのだ，これは民事事件だから警察のでる幕ではない，と抗弁する。はたして警察官はどのような処置をとるべきであろうか。その場で犯罪が行われたか，民事上の債権者の正当な権利行使か。刑事訴訟法，警察官職務執行法など刑事法を適用するに当たっての手続法，権限行使の準拠法など，その場の処置を決する刑事法令の知識以前に，民事法の理解と，民事法と刑事法の関連についての知識が要求されることはいうまでもない（この設例の答は，第4章，第6，1，(1)「自力救済」の項にゆずる）。この処置を誤った場合は，刑事事件であるのにその処理が困難となり，警察の不当の介入であるとか，警察は頼むに足りない，などという非難を受けることとなるであろう。このことは，

民事紛争に関連する告訴，告発事件の処理や，警察の窓口相談としてあらわれるこれらの事件の処理についても，事情は全く同じである。

　民事事件と刑事事件の限界の判断はこれらの急訴，告訴，相談の処理について極めて困難な問題を提起する。対立する当事者の双方に権利を主張するだけの事情があるもの，当事者の双方または一方について，主観的には権利があると考えても無理からぬ事情のあるもの，権利の主張が口実にすぎないものなど，その態様は本来が民事事件であって，当事者の対立感情が激化した状態にあるもの，権利の存在を誤信して強行された犯罪であるもの，権利行使に名をかりた刑事事件であるものなど，千差万別である。要は，その本質を見極めて妥当な処理をなすことが必要なのである。本書では，こうした事件の処理に必要な民法の基本的な知識を，所有権，契約，親族，相続の順にできるだけ刑事法に関連させて概説する。

第2章　所有権（物の得喪）

第1　物とは何か

　民法上，**物**とは有体物をいう（民85）。有体物であるから空間の一部を占めた形のある存在である。この意味で，電気や熱，光などは物ではない。物は，外界の一部であるから人の身体は物ではないが，身体から離れた歯や毛髪などは物であり，死体，遺骨もまた物である。もっとも死体などは葬儀，埋葬の目的となるものであり，その意味では個人の所有権を議論する意味は少ない。また物は人の支配できるものでなければならないから月，太陽，星などは物とはいえない。刑法上，電気は物とみなされる（刑245）が，これは電気の窃盗について旧刑法の時代に争いがあり，大審院は電気は有体物ではないが五官の作用でその存在が認識でき，容器に入れて持運びもできるから，管理可能で可動性を備えており，窃取の要件を充たすものであると判決した（大判明36.5.21）。このことをふまえ明治40年の刑法改正で電気を財物とみなす規定である245条がおかれたのである。

第2　物の分類

　民法では物を分類し，代替物，消費物，可分物，特定物などの名称を用いる。

1　代替物と不代替物

　代替物とは金銭のように，取引の上で，物のもつ本来の性格からその種類

さえ同じなら他の物でかえられるようなものをいい（百円硬貨で金千円を借り千円札で返すことは可能）、**不代替物**は他の物でかえられない、土地、建物などをいう。

2 消費物と非消費物

消費物とは、消費や譲渡のために用いる物のことをいい（金銭、食料品など）、そうでない物のことを**非消費物**という。

3 可分物と不可分物

可分物とは物の本質や価値を変えずに、同種の数個の物に分割できる物のことをいい（土地、代替物のほとんど）、そうでない物のことを**不可分物**という。

4 特定物と不特定物

取引の上で、当事者がその物の個性を重んじ取引した物のことを**特定物**といい、そうでない物のことを**不特定物**という。

第3 動産と不動産

民法は、土地とその定着物を**不動産**といい、不動産以外の物を**動産**と定めている（民86①）[注1]。動産とは不動産以外の物をいうが、不動産である建物もこわしてしまうと動産になる。土地に定着しない機械、仮植えの樹木なども動産である。

1 土　　地

無限に続く土地を人為的に区分して、土地の登記簿で境をつけた区画を一筆といい、地番をつけて区別し、その個数を筆数で計算している。この**土地**は一定の範囲の地面と、合理的な範囲での上空及び地下の部分を含んでいる。地中の岩石や砂、水などは土地を構成している部分で土地から離れた別の物ではない。

2　土地の定着物

建物，石垣，造りつけの機械，橋梁，樹木など，土地に継続的に定着して使用される物で，石燈籠のように土地に置かれた物は定着物ではない。このうち建物は，常に土地とは独立の不動産として取り扱われ（民370），樹木は土地の一部分とされることもあり，独立の不動産とされることもある（立木ニ関スル法律2，大判大4.12.4）。

第4　民法上の物と刑法上の物（財物）

民法上の物とは有体物であって電気や光は物でないが，刑法では電気は物とみなされている（刑245）。刑法では物のことを**財物**といい（刑235・236①・246①・248①），あるいは単に物といっている（刑252・253・261）。財物と物は同じ意味と考えられるが，刑法上の物は，刑法の目的に従って理解すべきであって，必ずしも民法上の物と同じ概念であるとはいえない。

1　刑法上の物

たとえば，**刑法上の物は動産に限るか**，不動産をも含むかという点については，詐欺，恐喝，横領などの対象になる物は不動産を含むけれども，窃盗や強盗の場合の財物は動産に限ると考えてよい（不動産については別に不動産侵奪罪がある，刑235の2）。これは不動産の不可動性という性質からくるのであるから，不動産でも，たとえば他人の土地から土砂を盗むように，不動産を構成する一部を窃取するような場合は財物と考えられる。

2　物の価値

民法では物とは有体物であると定めているが，その意味は，人の支配できる価値のある物ということであって，経済的な価値を問題にしているのではない。したがって，人体は有体物であるけれども，人間は権利の客体として支配されるべきものではないから，支配される価値ある物としては保護され

ない（奴隷の廃止）。死体となり，あるいは人体から切り離された毛髪や，歯などの，支配できる，支配されて差し支えない物となってはじめて権利の客体，すなわち物として扱われるのである。刑法上の財物もこの意味では民法上の物と同じであって，刑罰を加えて保護する必要のない財物は財物として扱われない。ただし，刑法上の財物の価値について注意すべきは，経済的な価値があっても，とるにたらないような物についての犯罪は，違法性が阻却される場合のあることで，煙草専売法違反事件で，価格一厘相当の葉煙草を政府に納めないで喫煙してしまったという，有名な一厘事件がある。(注3)

（注1） **動産と不動産を分ける理由** 物を売買したり担保に入れたりするとき，その物が特定の人の所有になり，あるいは抵当に取ったことを外部の人に明らかにする必要があり，民法はその方法として登記（177）と引渡し（178）という手段を定めている。この2つの手段は，その物が簡単に動かせる性質のものかどうかで分けられ，動かせない土地や家屋（不動産）については登記，その他の物（動産）について引渡しという方法で権利の変動を外部に知らせ（公示），取引の安全を保護しようとしているのである。動産と不動産の区別は，物についての権利がどのようなときに発生し，どのようなときに移るかの要件を区別し，物の取引についての効力を定める基準として必要である。

（注2） **建　物** 屋根瓦をおき，荒壁を塗れば，床や天井がなくとも不動産であり，材木を組んで地上に定着させ屋根を置いた程度ではまだ建物でない，と判例はいう。建物であるための要件は，最小限，屋根と周囲の壁が必要だということになる。刑法の放火罪にいう建造物も民法の建物とその概念は大体同じであろう。ただ民法が取引の上で独立した不動産と考えられるかどうかの点で建物という概念を定め，刑法では，個人の財産のみならず公共の危険を保護法益とする立場から建造物であるかどうかを定めるのであって，その立場が違うことを注意しなければならない。

（注3） 大判明43.10.11。この事件では，犯人の危険性があるという特殊の状態のもとで行われたものでなければ，零細な反法行為に刑罰を科すべきでないとされた。

第5 占　　有

1　民法上の占有

　物を持っているとはどのようなことをいうのであろうか。民法は，自己のためにする意思をもって物を**所持**することを**占有**といっている（民180）。

　ある人が物を持って路上に立っているとしよう。他人がその姿を眺めたかぎりでは，物を持っていること，むずかしくいえば物を事実上支配していることはわかるが，はたして，その人が，自分のためにその物を所持しているのか，他人の物をちょっと預かっているのか，他人の物を奪ってきてそこに立っているのかはわからない。しかし民法は，客観的な所持と自分のためにする意思という主観的なものが結びつけば，占有という状態としてこれを保護しようと考える。この場合の意思は，前述の例でいえば，純粋に客観的に考えるべきものとされ，ただ物を持って立っていれば，それはその人の筋肉が大脳の命令で，その物を持っているのであるから，その状態では，自分のために物を持っていると考える。これは，その状態でいうのであるから，仮に他人の物を預かっていても，盗んできた物であっても，他人の荷物を間違えて自分の物だと思って持っていても，自分のために物を所持していることとなり，占有として民法の保護を受けることとなるのである。

　このように民法上の占有とは，自分のためにする意思で物を持っていることをいうのであるから，占有の種類も，前述の例でいうと，他人の物を預かって持っている場合を**他主占有**，自分の物として持っている場合（所有の意思のある場合）を**自主占有**，他人の物を自分の物だと思って持っている場合を**善意占有**（占有する権利《本権》のないとき），他人の物であって自分が持つ権利がないことを知りながら，あるいは自分の物ではなさそうだ，権利がないかも知れないと考えながら持つ場合を，**悪意占有**といっている。このほか，善意占有を，権利があると誤信したことに過失があるかないかで**過失ある占有**と**過失なき占有**とに分ける。

さて占有する権利があるかないか，つまり本権があるかないかで，上記のように占有が分類される場合があるが，占有と占有すべき権利（本権）は異なるのである。占有すべき権利（本権）とは，占有することが法律上正当とされる権利で，その権利は後に述べる所有権や地上権，永小作権，賃借権などを指すのである。

2　刑法上の占有

　物を事実上支配している（物を持って立っている）ことが認められる状態を**所持**といい，民法では，この所持に，自分のためにするという意思が加わったものを占有といった。刑法の占有はどうであろうか。刑法は，民法の占有のひとつの要素である所持だけで占有を認める。つまり自分のために持つという意思は必要でないから，幼児や精神病者のように意思能力のない者でも刑法上の占有をすることができる。したがってこれらの者の，意思のともなわない占有も刑法上の保護を受けるのであって，刑法では民法と同じように占有という言葉を使っている場合もあるが（刑252・253・254など），民法式にいうと所持を保護するということになる。刑法の占有（所持）は物に対する事実上の支配と，法律上の支配（所有権があるか，所有者としての名義があるか）を意味し，動産については多くは事実上の支配，不動産については多くは法律上の支配を問題としているといえる。

3　占　有　権

　占有という事実から発生する物権のことを**占有権**という。民法は自分のためにする所持を占有というが，その事実上の支配状態を一応正当なものとして，これをひとつの権利とするのである。占有権は，前に説明した，占有すべき権利（本権）とは異なる。占有すべき権利というのは，占有のもうひとつ前にあって，占有ということが生まれ出る根源となる権利，たとえば所有権などのことをいうのである。その根源となる所有権などの物権はもともと占有することを法律上正当とする権利を含んでいるのであるから，所有権などの本権をもつ者の占有を**本権を伴う占有**といっている。

15

(注1)　**意思能力**とは自分の行為の結果が判断できる精神的な能力で，民法は，意思能力をもつ年齢について定めていないけれども，意思能力を有しない者の行為が無効である旨を定めている（民3条の2）。そこで民法上での意思能力があるかないかについては，行為をした各人について，またその行為について（たとえば睡眠中の行為，泥酔中の行為など）具体的に考えて定めることとなる。意思能力のない者の行為は，意思にもとづかない行為として法律上の効果が与えられない。これに対して法律行為を完全，有効になしうる能力のことを**行為能力**といっており，行為能力は意思能力があることを前提としている。

　そして，民法は，未成年者，成年被後見人，被保佐人，被補助人という特定の者を制限行為能力者と定めて，このような者の行為は，意思能力があったかどうかを問題にせず，その行為が取り消しうるものと定め，これらの者を保護すると同時に，その相手方となる者の保護もはかっている（民4〜21）。

(注2)　動産の占有についての刑法上の問題は，横領か窃盗かという形であらわれる。たとえば，工場に置かれた機具は，工場主の所有物で，職工長というような管理者がこれを占有し，実際に機具を使う工員には占有がない。したがって，工員がこれを持ち出すと横領でなく（自己の占有する他人の物でないから）窃盗となり，工場主の命で製品を届けるため工場外へ出た工員は，その製品については占有（民法では代理占有，民181）があるから，これを勝手に処分すると横領となる。

　不動産についての占有は，横領の関係で問題となり，登記のある不動産は物権変動について登記が対抗要件となるから，その占有も法律的に登記という手段を通じて支配できるような者にしか認められず，登記簿の上で所有者としての名義のある者が占有していることとなる。したがって，借家人というような地位の者は，借家を法律上有効に処分できないから横領罪の関係では占有があるとはいえない。

第6　所 有 権

「所有者は，法令の制限内において，自由にその所有物の使用，収益及び処分をする権利を有する」（民206）と規定されるとおり，**所有権**は，物を直

接支配できる権利で，所有権者は，目的物を物質的に使用し，目的物から利益をあげ（家賃，地代，利息など），これを物質的に改造したり破壊したり，法律的に売ったり担保を設定したりすることができる。それは強大な権利であるが，公共の福祉のため必要あるときは，制限を受ける。

1　所有権の取得

　この強大な権利はどのようにして取得されるか。人が所有権を取得する原因として考えられる主なものとしては売買や相続であり，このように前の権利者から所有権を取得する場合を**承継取得**といい，時効，無主物先占，埋蔵物発見，遺失物拾得，添附（加工，附合，混和）など前の権利者の権利と関係なく所有権を取得する場合を**原始取得**という。われわれが所有権を取得する場合の多くは，承継取得である。

2　売買・贈与・相続

　民法は13種類の契約を定めており，売買や贈与はその契約の一種である。**売買**とは，売主が目的とする財産権を買主に移す約束をし，買主はこれに対して代金を払うことを約束する契約である（民555）。贈与は無償で財産を与える契約である（民549）。

　売買契約について，民法はその成立から，売主・買主の義務，義務違反の効果など細かい規定をおき，売買と同じ性質，すなわち当事者の双方が互いに対価となる経済的負担をする契約一般（**有償契約**という）にこれらの規定を準用している（民559）。

　贈与は無償で財産を与える契約（**無償契約**という）であるから売買のような有償契約と違った扱いを受ける。たとえば，贈与するという口約束だけでは，無償で物をくれてやる契約であるだけに，争いが生じてくるとその契約が本当にあったかどうか，不明となる場合が多いし，ただで物をもらうのに裁判にもち込むことも適当ではないから，民法は，書面によらない贈与はその約束を果たして目的物を渡してしまった場合は別論として，いつでも解除することができるし（民550），その目的物が特定した時点において贈与され

第 6　所　有　権

た目的物にキズがあっても，そのままの状態で引き渡せばいいのであって原則としてその責任を負わない（民551①）。贈与した者。

　これに対して売買はその有償性のゆえに，より詳細な規定がおかれている。たとえば，われわれの消費生活上，利用される月賦販売という売買がある。テレビ，洗濯機から自動車や不動産までに及び，代金後払月賦から，代金先払（積立方式）月賦まである。ところで，月賦で買った背広を自分の物だからといって代金の支払いが済まないうちに質に入れたり，売ってしまったらどういう責任を負うであろうか。民法上は，売買契約に従ってその後の代金を毎月支払いさえすれば，問題にはならないであろう。民法の建て前は，売買の契約と同時に目的物の所有権が移転するが（民176），高価な物品の月賦販売では，代金の支払いが終わるまではその所有権が売主に留保され，買主はその引渡しを受けても他人の物を保管して使用しているにすぎないとされる場合がある。この場合は刑法上は他人の物を占有しているのであるから，これを勝手に処分すると横領罪が成立する。このような所有権留保の約束がなければ，代金完済前の処分があっても民法上は，その後の未払いについて債務不履行という責任を負うにとどまることとなるであろう。(注)

　相続とは，ある人の死亡によって，その人の所有した財産のすべてが相続人という，死者と一定の関係のある親族に移ることをいう。死者の財産は死亡によって，法律上当然に移ってゆくから，そのときに，相続人は前の権利者である死者から所有権を包括的に承継取得するわけである。

　強盗殺人の現場で被害者の死亡直後，財物を奪ったとき，死者には占有がないと考えるべきかどうかという刑法上の問題がある。しかし死亡によって，その人がそれまで事実上支配していた物は，当然に相続人によってその支配の中に承継されると考えるべきであるから（最判昭28.4.24），この場合は相続人の所持を侵すものと考えてよいであろう。したがって死者を見つけて，その所持品を奪うことも，占有離脱物の横領ではなく，相続人の所持を侵す窃盗だと考えるべきこととなる。

（注）　所有権留保の契約条項も，買主が全然気がつかなかったり，あるいは契約書には不動文字でそのことが印刷されてはいるが，当事者の意思はそのような条項によって取引することが真意でなかったようなときには，直ちに刑事責任を問うことがむずかしい。このような事案については，売買契約の実質をよく捜査した上で，刑事事件として処理するかどうかの判断が必要となる。

3　即時取得

　売買などの取引行為によって所有権を取得することができるには売買契約が有効に成立したことが条件である。ところが乙が甲から自転車を借りていたが，これを自分の所有物のような顔をして，丙に売ったとしよう。この場合持主でない乙ははじめから所有権をもたなかったから，民法でいう財産権を移すという約束（売買）は，丙に所有権を移転させる効力がなく，丙はその自転車を自分のものだと主張できないはずである。しかし自転車は動産で，土地や家のように登記もないから，丙としては乙が自分の物だといった自転車が本当に乙の物かどうかよく調べてから取引するわけにはいかない。そこで，民法は丙がその自転車が乙の物だと信じたことに過失がないと認められると，丙は自転車の所有権を取得するものとした。これが**即時取得**の制度である。このように，所有者でない人を所有者だと間違って，動産の取引をした者を保護する制度を**動産取引の公信制度**ともいっている。動産の取引は，毎日われわれの生活で行われている。取引の安全を保つためには重要な制度である。ただこの制度は動産についてだけ認められ，また前例でその自転車が盗品であったり，遺失物であった場合は後に述べるような例外の扱いとなることに注意しなければならない。

4　先占・拾得・発見・添付

　先占とは所有者のない動産（無主物）を所有の意思で占有することであり，占有者は所有権を取得する（民239①）。野鳥をとらえ，海で魚を釣る場合である。まだ採掘されない鉱物は国家が支配しているから（鉱業法2）先占の目的にならないが，鉱業法にいう鉱区外で土地から分離された鉱物は無主物

となり，先占によって所有権を取得しうる（同法8②）。無主の不動産は国の所有物となるから，先占によって所有権を取得することはない（民239②）。

拾得とは遺失物を拾うことで，遺失物法による届出，公告の手続を経て3か月間落し主が現われないときは拾得者が所有権を取得する（遺失物法1・10・11等，同法施行令4，民240等）。^(注1)**遺失物**とは，占有者の意思によらないでその所持を離れた物で，盗品でない物をいう。漂流物や沈没品は，その性質上遺失物であるけれども，水難救護法によって市町村長がその保管，公告，引渡しなどの手続をとり，拾得者が引渡しを受けると所有権を取得することとなる（同法24以下）。

遺失物法では，このほか犯罪者の置き去った物，誤って占有した物，他人の置き去った物，逸走の家畜を**準遺失物**とし（同法2①），民法第240条を準用している。このうち犯罪者が置き去ったと認められる物は，「盗品等」とされるから犯罪捜査の必要があるときは，警察署長が公訴権の消滅するまで公告をしない扱いができる（遺失物法7⑤）。逃げ出した家畜は遺失物の扱いを受けるが（同2），家畜以外の動物であると，他人が飼っていたものでも，^(注2)これを拾った者は野生で飼主がないものと考えやすいし，逃がした飼主も探すことをあきらめてしまうことが多いので，これを拾った者が飼主のある動物と知らず，その動物が逃げ出してから1か月内にその飼主から返してくれという請求がないときは，所有権を取得することとされている（民195）。

発見とは，埋蔵物を発見することである。**埋蔵物**とは，土地その他の物の中に埋蔵されていてその所有者がたやすくは判明しない物で，発見者が遺失物法によって警察署長に届け出て公告がなされ6か月間に所有者が現われないときは発見者が所有権を取得する（民241）。ただしその物も他人の物の中に発見したときは発見者とその物の所有者とが折半して所有権を取得する。たとえば，甲所有の土地に家屋建築を請け負った大工乙が，その土地の中から無主の物を発見したような場合で，甲乙がこれを折半して所有することとなる。ところでこの場合発見した無主の物が，文化財保護法に定める文化財とされる物であると，遺失物法に従い差し出されたその物を，警察署長が文化財保護委員会に提出し，その所有権は国庫に帰属することとなり，地主甲，

大工乙（発見者）には物件の価格に相当する報償金が支給される（文化財保護法104～107参照）。

　添附とは付合，混和，加工を合わせた概念である。**付合**とは所有権者を異にする２個以上の物が結合して１個の物となることで，容易に分離できない状態となった場合であり，もとの２個の物に主従の別（土地と種苗など）があれば主たる物（土地）の所有者が所有権を取得し，主従の別がなければ２個の物の各所有者が，１個になった物の共有者となる（民242～244）。**混和**とは金銭などの固形の種類物が混合し，酒のような流動種類物が融和することをいう。混和は付合よりもたやすく２個以上の物が一体となる場合で，その実質は付合に似ているからその効果は付合の場合と同じである（民245）。**加工**とは付合や混和のように物が合体することでなく，物とこれに対する工作という人の労働が合体することで，他人の材料に工作を加えて製品としたり，小麦を製粉するなどの場合である。この場合，原則として材料の所有者が所有権を取得し（民246①本文），工作によって著しく材料の価格を超える価格のものができたとき，および加工者が材料の一部を提供したときは，その価格に工作によって生じた価格を加えたものが他人の提供した材料の価格を超えるときは，加工者が所有権を取得する（同条①，②）。しかし実際は，小麦を加工して粉にするように，材料と比べて粉の価格が著しく増加しても，材料を出した加工依頼者の所有となる特約があるから，粉が加工者の所有になるようなことはない。また工場で働いている人が加工しても，それは雇主の手足として加工するのだから，加工品が働いている人の所有になるようなことはなく，雇主の所有となる。(注3)

　以上のように，付合，混和，加工というような添付によって所有権を取得する場合があるが，新たに所有権を取得する者も，他人の損失によって利得するという理屈はおかしいから，所有権を失った者から新所有権者に対して，不当利得を理由に償金を請求することができることとされる（民248・703・704）。

（注１）　従来は６か月の公告期間が要求されていたものが改正遺失物法による民

第6　所有権

　　法の一部改正（平成18年6月15日法律第73号）により，以下のように定められている。これについては平成19年12月10日施行とされている。
　　（民法の一部改正）
　　　第三条　民法の一部を次のように改正する。
　　　　第二百四十条中「遺失物法（明治三十二年法律第八十七号）」を「遺失物法（平成十八年法律第七十三号）」に，「六箇月」を「三箇月」に改める。
（注2）　家畜とはその地方で一般に飼育される動物であるから，雀，きじ，いたちなどは家畜外の動物といえる。判例は九官鳥は家畜としている（大判昭7.2.16）。
（注3）　刑事判例で，甲乙2人が20円宛出して賭銭とし，これを茶壺に入れて鴨居の上におき，賭銭の代用に碁石を使って賭博をしていたが，甲が便所に立った隙に乙が30円抜きとったことは，40円は混和し，原物は主従の区別がないから，甲乙は10円札4枚を共有していたもので，共有物を単独所有に移したものとして乙の行為は窃盗罪だとしたものがある（大判昭13.8.3）。加工について，加工者が他人の依頼を受けて預かった材料に工作を加える場合には民法第246条の適用がなく，製粉の依頼で預かっている小麦粉を製粉業者が処分すると，所有権がないのだから横領罪になるとし（大判大6.6.13），甲が盗んできた自転車のサドルを外して，乙の自転車に取りつけた場合，サドルと自転車は分離できない状態で附合したものとはいえず，またサドルをつけて工作したともいえないから，乙がその所有権を取得することはなく，サドルは盗品としての性格を失わないとする判例がある（最判昭24.10.20）。

5　盗品および遺失物の特則

　盗品や遺失物は所有者の意思によらないでその占有を離れた物であるから，所有者の意思に従って占有を離れた物に対する即時取得の制度（3参照）が制限される。

　盗品とは窃盗，強盗によって所持を奪われたもので，横領や詐欺の目的物（これらは所有者の占有を離れるときはその意思にもとづいているから）を含まない。遺失物の意義は前述のとおりである。盗品や遺失物はこれらの物

を盗んだ者，拾った者の手許にある場合はもちろん，これらの者からその物を手にいれた人（転得者）の手中にある場合も，もとの権利者の権利がある程度保護される。

(1) 盗品，遺失物は，もとの権利者が，盗まれた時または失った時から2年間は，その物を占有する者に返してくれと請求できる（民193）。返してくれと請求できるのは，通常は所有者であるが，その物を寄託を受けて預かっていた者，その物の賃借人であることもある。このように所有者以外の人が請求できるときは，所有者も別に返還の請求ができる。

返還請求の相手方は，盗難または遺失の時から2年間に，盗人や拾得者から，その物が盗品または遺失物と知らず，かつ，知らなかったことに過失なく，平穏，公然に占有を取得した者，またはこれらからの転得者である。これらの者に対しては無償で返還を請求できる（民193）。盗人は即時取得で所有権を取得することはない。拾得者自身は遺失物法によって届け出て3か月の公告期間が過ぎ所有者が現われないと所有権を取得する（民240）。結局，民法第193条は，盗品が盗人から善意無過失の第三者に譲渡されたときか，拾得者が正規の届出をしないで横領し（所有権は取得できない），これを他に処分したような場合に働くこととなる。判例はこの場合に所有権は2年間はなお，もとの権利者に残っているという。(注)

(2) 占有者が競売，公の市場（店舗）または同じ種類の物を販売する商人から買い受けたときはその代金を支払わないと返還請求はできない（民194）。

(3) 古物商，質屋がその物を占有するときは1年間は無償で権利者に返還する義務がある（古物営業法20，質屋営業法22）。

(注) 大判昭4.12.11，大判大10.7.8，最判平12.6.27。判例の立場からは，盗品は2年間は盗品としての性格を失わないこととなり，もし民法第192条で即時取得されたときも，その者から盗品であることを知ってこれを買い受けると盗品等譲受罪が成立する（最判昭34.2.9）。

この考え方に対して，所有権は即時取得のときに取得者に移り，回復請求でもとの権利者に回復されたときに，もとの権利者に所有権が復帰するとする学

説がある。この立場からは，2年間はもとの権利者に所有権があるとする判例の立場では，返還の請求がないときは即時取得者は2年間犯人の物を占有していたことになり，また盗難，遺失の時期はこのような人にわかるはずがないから，何時から所有権を取得するのかわからないという不都合があると非難される。

6　手形，小切手等の特則

手形や小切手については特別の即時取得の制度が認められている。たとえば小切手の譲渡人が権利のない者であっても譲受人がこれを知らないで裏書を受け，または交付を受けると，譲受人は有効に小切手を取得する（小切手法21，手形法16②）。株券も小切手法第21条が準用され，商業証券一般も同様である（商519②）。

これら商業証券一般の即時取得と民法の即時取得（192）の制度の異なるところは，
(i) 小切手などが盗まれたときは民法だと2年間は即時取得が働かないが，小切手法によると直ちに即時取得され，
(ii) 小切手法では，悪意または重大な過失のあるときは即時取得が成立しないが，軽過失であれば成立する（同法21ただし書）のに対し，民法では軽過失でも成立しない，

という点である。

商業証券の即時取得の制度は，証券の流通の過程で，常に譲渡人が真実の権利者かどうかを調べないと譲り受けることができないとすると，その流通が阻害されるから，譲渡人が無権利者でも，そのことを知らないで譲り受けた者を保護することによって，流通が迅速になされることを保障するための制度である。

7　時　効

　時効によっても所有権は取得される。時効の制度は，真実に反する状態でも永く続くと，その状態を一般の人が真実と考えるようになり，むしろその状態が真実で正しいのだと認める方が社会秩序の維持に役立つという考えによるのである。たとえば，他人の土地を永い間自分のものだと信じて，その土地について公然と真実の所有者らしく振る舞っていると所有権を取得する。民法は，真実に反する状態が生じたときに，当事者が真実に反することを知らなかったときは10年，これを知っていたときは20年で時効取得するとしている（民162・163）。

第3章 契約

　契約とは，広い意味ではすべての**合意**をいい，それによって債権を生じさせる債権契約，物権の変動を生じさせる物権契約，物権以外の権利の変動を生じさせる準物権契約（債権譲渡など），身分関係の変動を生じさせる身分契約を含むが，狭い意味での「契約」は，債権の発生を目的とする債権契約のことをいう。**債権契約**とは，2人以上の者が相互の間に，または例外として第三者との間に，一定の債権の発生を目的とする合意をなすことをいい，当事者がその合意に一定の法律上の効果が発生することを希望し，法律もその効果（債権の発生）を認めてこれを保護する制度のことである。

第1　契約の当事者

　契約は各人の自由意思に基づいてこれを締結することができるが，そのためにはその人が契約を締結する能力や資格をもっていることが必要である。

1　能　　力

　(1)　権利の主体となることのできる地位または資格のことを**権利能力**といい，また人格ともいうことがある。権利の主体となることができるのは，自然人と法人であるが，その権利能力のある者が，特定の権利を取得し義務を負担しうる能力，すなわち単独で有効な私法上の法律行為をなしうる能力を**行為能力**という。つまり権利能力はすべての自然人が出生によってこれを取得する（民3）から赤ん坊でも権利能力はもっているわけである。しかし赤ん坊のように，自分の行為の結果を判断する能力（これを**意思能力**という）(注)

をもたない者は法律行為をなす能力，すなわち行為能力をもたないことになる。

　民法はこの行為能力のない一定の者を，**制限行為能力者**と定め，制限行為能力者のした行為は取り消しうるものとし，いちいち行為能力の有無を立証する必要はなく，このことによってその制限行為能力者も，その相手方に立った第三者も保護しうるようにしている。

　制限行為能力者は，未成年者，成年被後見人，被保佐人，被補助人の4種類である。

　(2)　**未成年者**とは満18歳に達しない者で，他人から無償で物をもらうというような不利益にならない行為については単独でできるが，その他の行為は法定代理人（親権者，後見人）の同意が必要で，同意がないとその行為は取り消すことができる（民4～6）。**成年被後見人**とは，精神上の障害によって事理を弁識する能力を欠く常況にあるために家庭裁判所による後見開始の審判を受けた者，**被保佐人**とは，精神上の障害によって事理を弁識する能力が著しく不十分な者で，家庭裁判所から保佐開始の審判を受けた者である。そして，**被補助人**とは，精神上の障害によって事理を弁識する能力が不十分な者で，家庭裁判所から補助開始の審判を受けた者のことである。成年被後見人は単独で行為することはできない。やった行為はすべて取り消すことができ，たとえ後見人の同意を得ても単独で行為できない。これに対して被保佐人は，一定の財産上の重要な行為，たとえば借金，不動産の取得などの行為についてのみ保佐人の同意が必要とされ，これを得ないでされた行為については取り消すことができる（民13④）。また，被補助人の場合には，審判の際に民法第13条第1項に定める事由中から項目を選んで，その行為をするためには補助人の同意が必要とされることになり，これを得ないで行った行為については取り消すことができることになる（民17）。

　（注）　胎児は人でないから権利能力をもたないが，民法は損害賠償の請求，相続，遺贈（民721・886・965）について胎児は既に生まれたものとみなしている。

2 法　人

(1)　われわれのように生きている人のことを**自然人**というが、自然人は権利の主体となりうる地位、すなわち権利能力をもっている。

自然人以外で権利能力をもつものを**法人**という。

われわれの社会生活では、財産上の取引をしたり土地家屋などの不動産を所有するのは、自然人である個人に限らず、会社や組合などの団体であることも多い。しかしこのような団体のどのようなものに、権利の主体となりうる地位、すなわち権利能力を与えてよいかという問題は、これらの団体と取引をする相手方にとって重要な意味をもつ。これが認められる「法人」には、①営利事業を目的とするもの（株式会社など）、②営利を目的とせず、もっぱら学術、慈善などの公益を目的とするもの、③営利も公益も目的としないものとがある。①は**営利法人**であり、②は**公益法人**であり、③は中間法人である。

(2)　この法人には、人の集まりである「社団」と、財産の集まりである「財団」とがある。社団法人は、人の集まり（団体）であるから、「社員」を不可欠の要素として「社員総会」が法人の最高意思決定機関となる。業務執行については、「理事」を置かなければならないものとされる（一般社団法人及び一般財団法人に関する法律60①）。

財団法人の場合は財産の集合体であるから、財団の機関は、財団を設立した者（設立者）の意思を忠実に実行することが必要になる。財団は、機関として、「評議員・評議員会」、「理事・理事会」、および「監事」を置かなければならないものとされる（同法170①）。

(3)　2006年の法律改正によって法人制度については大きな変革が加えられた。一般社団法人及び一般財団法人に関する法律の規定によって営利を目的としない法人についてはすべてこれを一般法人（一般財団法人と一般社団法人）となるものとした。従って、民法法人についてはこの一般法人が原則ということになった。そして、この設立については従来の許可主義を廃止し、いわゆる準則主義（あらかじめ法律が定めた要件さえ満たせば当然に設立が

認められるという主義）が採用された。

　このようにして認められる一般法人のうちで公益社団法人及び公益財団法人の認定等に関する法律4条の規定によって行政庁からその法人が「公益目的事業」を行うものであるとの認定（公益認定）が認められると公益法人（公益社団法人と公益財団法人）となることができることとなる。公益法人については税制上の優遇を受けることができる地位が与えられている。

　この他にも特別法によって認められる公益法人（NPO法人，学校法人，社会福祉法人，医療法人，宗教法人など）があり，さらに労働組合や協同組合，共済組合などの中間法人がある。

　(4)　法人は，定款（法人の基本規則）の定めるところに従った定められた目的の範囲内において権利能力をもつことになるが，その行為は代表者である理事（一般社団法人及び一般財団法人に関する法律76，77）や代表取締役（会社法349，362）などによってなされることとなる。これらの機関が法人の甲として，他人に損害を生ぜしめると法人の不法行為となり法人が損害賠償義務を負担することとなる（一般社団法人及び一般財団法人に関する法律78，197）。

　(5)　法人が私法上の権利能力，不法行為能力をもつことは，刑法上の**犯罪能力**にも当てはまるだろうか。これは法人の犯罪能力の問題であるが，たとえば，法人が代表機関を通じて第三者と取引し，詐欺行為によって第三者に損害を与えた場合，前述の不法行為能力が認められるから民事上の損害賠償責任を負うが，刑事法上，犯罪をなしうる（犯罪能力）のは人に限られ，同時に刑罰の主体も人であるから，法人が詐欺罪を犯すことはなく，したがって犯罪能力は否定されている。これが刑法の原則であるが，特別法では，法人の機関や従業員の犯罪行為について，行為者と法人を処罰する規定（両罰規定）をおく例が多い。

　(6)　人の集団ではあるが，たとえば同窓会とか社交クラブというように手続をすればほとんどが中間法人として設定が認められるものでありながら，手続がとられていないために法律上の法人となっていない団体を**権利能力のない社団**という。このような団体が取引しようとするときは，その団体の会

第1　契約の当事者

長や理事個人の名義でするほかはないが，法律上は訴訟の当事者としてその団体が代表者の名前で訴えまた訴えられることを認めている（民訴29）。しかしながら，このような団体が不動産などの財産を所有した場合にこれを登記しようとすると，団体名義で行うことが認められず，代表者個人名で行うことになる。その場合に「○○団体，代表者」という肩書をつけて登記することも認められていないことに注意を要する。

3　代　　理

　契約という取引行為をするには必ずしも本人が直接その行為を担当するとは限らず，代理人を介してこれを行うこともある。代理とは本人に代わって取引行為をすることである。代理には法定代理と任意代理がある。

　(1)　**法定代理**は，親権者，成年後見人が子または成年被後見人の代理人となる場合のように，代理人となることが法律の規定で定められており，代理行為の効果の帰属する本人の意思によらないで代理人となる場合である。**任意代理**は，本人から代理権を与えられて代理人となる場合であり，その地位が本人の意思に基づく代理ということができる。

　法定代理は代理できる範囲が法律で定められているが，任意代理は本人の与えた代理権の範囲，たとえば，「売買契約を結んで代金を受け取ること」というように限定されるのが普通である。

　(2)　**代理の効果**は，代理人乙がその権限の範囲内で本人甲のためにすることを示して取引したとき，その行為の効果はすべて直接本人甲に帰属することとなる（民99）。本人のためにすることを示すというのは，「私は，本人である甲の代理人の乙です」と表示することをいう。

　このように本人の名前を示すことが要求されるルールのことを**顕名主義**といい，これに対して，本人の名前を示さないで，単に乙という名前を示しただけでした取引である場合には相手方には，その取引が甲のためにするものであるということはわからない。そこで，そのような取引の効果は乙に帰属することとなるのである（民100）。しかし相手方が，乙は甲の名前を出さなかったが，その取引が甲のためになされることを知っていたか，知ることが

できたはずであるというときは，効果は本人甲に帰属する（民100ただし書・99）。

(3) **無権代理と表見代理**　代理権がないのに代理人であるとして行為することを**無権代理**行為という。代理権がないといっても，全然代理権のない場合と，代理権はあるがその権限の範囲を超えているために代理権がないという場合がある。民法は無権代理でもその代理行為を本人が後に追認するとその代理行為がなされた時点にさかのぼって有効にすることができるとし（民113①），場合によっては問題を本人にも相手方にも有利円満に解決する途を残している。

赤の他人が自分の代理人だといって取引をすると，本人はそのような行為がされていることを知る方法もないし，外部の者にとっても代理権のあるなしというようなことは，本人と代理人の内輪のとりきめであるから簡単にわかるはずがない。そこで民法は無権代理を，本人と代理人の間に特別の関係がある場合と，全然関係のない赤の他人同士という場合に区別し，前の場合を**表見代理**，後の場合を**狭い意味の無権代理**としてその扱いを異にしている。

表見代理とは，本人が他人に実印を渡してあるとか，白紙委任状を預けてある，というように，本人とその他人の間に，実際には代理権を与えていないが，客観的に見ればまるでこれが与えられているような関係があるとみられる場合で，民法は「代理権を与えた旨」の表示といっているが（民109），自分の代理人であることを一般の人に信じさせるような行為を許しているような場合を広く含んでいる。これを**代理権授与の表示による表見代理**という。このような無権代理人の行為については，本人は代理権のない行為だからといって責任を免れることはできない。しかし本人と無権代理人の間では，このことによって生じた損害賠償の関係の生じる余地がある。

第二類型の表見代理に，**権限外行為の表見代理**がある。実印を渡して10万円借りてもらうよう代理人に頼んだところ，勝手に100万円借りてしまったという場合である。貸した方で，実印を預けて代理を頼んでいるからには100万円全部借りてくれと頼んだに違いないと信じたことに無理がない，というような正当の理由があれば，頼んだ本人は100万円全部の借金について

第2　無効の契約

責任を負う(民110)。しかし無権代理人が借りた中から10万円だけ本人に渡して知らん顔をしたという場合は，貸主に対する詐欺として刑法上の責任が発生する場合がある。貸主が，100万円を確実に返してもらえると信じ，もし10万円の借用しか頼まれていないのであれば，いくら実印をもってきて借用証を作り，民法で保護されるとしても貸すことはなかった，というのであれば詐欺罪が成立するであろう。

　第三類型の表見代理として，従来代理権を有していた者が，代理権を失った後になお代理権があるような顔をして代理行為をした場合がある。これを**代理権消滅後の表見代理**という(民112)。

第2　無効の契約

1　公序良俗違反

　契約は各人の自由な意思でこれを締結することができる。このように個人の財産などをその個人がどのようにでも扱うことができるという原理を「私的自治の原則」という。このような私的自治の原則が認められるのは，各人がその利益を自由に追求できることは同時に社会全体にとっても利益なことで，そのことによって社会全体が栄えることとなるという理由にもとづいている。だから，契約が自由に結べるといっても，社会全体の道徳や秩序によって制限を受けることは当然である。このことについて民法は，「公の秩序又は善良の風俗」に反する取引が無効であるといっている(民90)。略して公序良俗というが，**公序良俗**に反する行為についてはその目的とすることに法律は法的効果を与えず一切無効のものとされる。犯罪に関係するような契約，たとえば麻薬をひそかに取引するような契約，婦女子を愛人として扶養・援助するというような道徳に反する契約，婦女子が借金を返すまで芸妓として働かせるような人身売買的な契約，相手方の無思慮や窮迫に乗じて結ばれる暴利の契約，私人が場外馬券や車券を売る契約などすべて無効と考えられる。

　このような契約は公序良俗に反して無効であるとはどういうことであろう

か。公序良俗に反する行為に法律は協力を与えないといったが，その意味は，公序良俗に反する契約からは何らの権利も生まれてこないということで，愛人になる契約をしてもその報酬を要求する権利は発生しないし，麻薬の密売買の契約をしても，売手と買手の双方から，麻薬なりその代金を渡せという権利が生じないわけである。そうであるとすれば，そういう無効な契約にもとづいて，たとえば麻薬代金を前払いした者が，麻薬の引渡しを要求できないとしても，その代金は返してもらえてもよいはずである。果たしてそうであろうか。

　一般に，ある法律行為が無効なときには，最初からその効果を発生しないし，またいつまでたってもその効果は発生しない性質のもので，家屋の売買が無効だというときには，売主にも買主にも代金を要求したり家屋の引渡しを求める権利が発生しないのである。仮りにその契約で売主が内金を受け取っていたら，これを自分のものにする法律上の根拠がないのであるから，買主にその金を返さなければならないということになる（不当利得の返還）。しかし，この理が，前の麻薬売買の前払代金についても当てはまるかどうかの問題である。民法はこの場合について，**不法原因給付**の規定をおいている（民708）。

　不法原因給付とは，不法な原因，たとえば賭博に負けたこと，麻薬を買ったことという原因にもとづいて賭金や代金を払うようなことをいう。民法はこの場合，これらの支払いをした者は，その支払った根拠がなかったということで支払った金銭を返してくれという請求ができないと定めている（民708本文）。したがって前例の麻薬代金は，家屋売買の無効のときのように，その返還を請求できないのである。その理由は，公序良俗に反する不法な行為をしながら，その給付したものの返還を認めることは，その原因である不法な行為を認めないという民法の原理に反することとなるからである。ただ，不法な原因が利益を受ける側にだけあるとき，たとえば，暴利を取った方に不法の原因があり，犯罪をやめさせようとして金を与えたというような場合は，金をもらった方に不法の原因があるから，このようなときは，暴利で金をとられた者，犯罪を阻止するために金をやった者からそのお金を取り返す

第2　無効の契約

ことができる（民708ただし書）。

　不法原因給付は犯罪に関係するものが多い。前述の賭博や，麻薬売買以外に考えられるものは，選挙で運動員に渡した買収金，密輸のために交付した資金などがある。ただし，そのような不法原因によって給付された物でも，その物についての横領や詐欺の犯罪は別に成立する場合があることは別論である。たとえば，役人に賄賂を贈るために預かった金を使い込んだり，密輸の金を着服したりする場合である。

2　心裡留保

　法律行為とは，売買，賃貸借などの契約や婚姻など私法上の効果が発生することを願う意思表示を要素とする行為（法律要件）で，**意思表示**とは，私法上の効果を発生させたいと願う意思を外部に発表する行為である。たとえば，家が欲しいので，退職金で買おうと思うとき，この願いを**効果意思**といい，この効果意思を売手に伝えて，家を売ってほしいと申し込む行為を**表示行為**という。

　契約も法律行為であるから，意思表示を要素としている。そしてその意思表示の中味である効果意思はこれを外に表わさない限り他人にはわからないから，他人は外に表わされた表示行為から，多分，本人の効果意思はこういうことだろうと推測することになる。ところがこの推測された効果意思と内心の本当の効果意思が食い違うことがある。このことを民法は**意思の欠缺**といっている。このような意思の欠缺，つまり効果意思の食違いは，民法上，心裡留保，虚偽表示，錯誤の3つに分けられる。もっとも，後に説明するように，錯誤の場合には無効な行為とされず取り消すことのできる行為としている（民95）。

　心裡留保は，嘘をいうことである。意思表示をする者がみずから真意でないことを知って表示をする場合である。家を買う気は毛頭ないのに，家を売ってくれというような場合で，法律はこのような嘘を保護する必要はないから，その相手側に立たされた者の利益を考えて，表示どおりの効果を発生するものとし（民93①本文），ただ，相手方が嘘であることを知っていたり，無

一文で通っているその男が家屋など買えるはずがないというように，普通人の注意を払ったらその嘘がわかったはずだというときは，売ってくれという意思表示が無効だと定めている（民93①ただし書）。

しかしながら，この家を買った人のことを信じて，この人からこの家を買った者については，有効な契約として家の所有権を取得できるものとされる（民93②）。

3　虚偽表示

刑法に強制執行不正免脱罪というのがある（刑96の2）。不渡手形を出して差押えを受けそうだという甲が，友人の乙に頼んで甲所有の家屋と土地を乙に売ったことにして名義を変えて強制執行を免れるような場合である。このときの売買は形式だけで，甲乙には不動産を売り買いする気は毛頭ない。このように，意思表示をする者が相手方と通謀して，真意でない意思表示をする場合を，民法では**通謀虚偽表示**または単に**虚偽表示**といい，このような意思表示は無効であり，その契約は当然に無効として法律はこれを保護しない（民94①）。

しかし，上記の場合，甲乙間で有効に売買がなされたと信じ，登記簿も調べてたしかに乙に名義が移っているから大丈夫だと思った丙が，乙からその不動産を買ったとした場合，甲乙間の取引が無効だから丙は有効に権利を取得しないとしたら，虚偽表示というような甲乙の内心の意思を知ることのできない丙にとってはたまったものではない。したがって民法は，甲乙は丙に対しては自分たちの間の取引が無効だからといって不動産の引渡しを拒んだり登記に協力しないなどといって対抗することはできないと定めている（民94②）。

第3　契約の取消し

さきに述べた無効の契約における，**無効**とは，はじめからその契約の効力を生じないことをいうが，**取消し**というのは取り消されるまでは有効に扱わ

第3　契約の取消し

れ，取り消されてはじめて，最初から無効となることをいうのである（民121）。取消しのできる行為は，制限行為能力者の行為（本章，第1，1，(1)参照），錯誤によってされた行為，詐欺や強迫を受けてした行為である。そして取消しのできる行為は，無効の場合と違って，追認によって取消しができなくなり，有効なものと定まってしまうという特質をもっている。取消しのできる契約，したがってその要素である取消しのできる意思表示というものは，私法上の効果とは別に犯罪に大きな関係をもっている。

1　錯　　誤

錯誤とは表示した内容と，内心が一致しないことを，表意者が知らないことをいう。意思表示はそれが法律行為の内容や取引上の社会通念からみて重要なものである場合についての錯誤によってされたときはこれを取り消すことができるものとされる（民95①本文）。

錯誤には，注文書に10個と書くつもりを10ダースと誤るような，表示そのものが間違っているとき（**表示上の錯誤**），10ドルと10ポンドを同じ価値であると誤って10ドルのつもりで10ポンドと書くように，表示行為の内容を間違っているとき（**内容の錯誤**），外国品と思って国産品を買うというような，表意者が法律行為の基礎とした事情について，その認識が事実と異なるような，行為の動機に間違いのあるとき（**動機の錯誤**）に分けられるが，このような錯誤が法律行為を取り消すことができるものとするかどうかは，その錯誤が法律行為の目的や取引上の社会通念からみて重要なものに関係するかどうかで決まる（民95①）。

どのようなことが重要な部分に関係するかについては，当事者の身分や財産，たとえば破産寸前であることを知らずにその者への債権を譲り受けたとか，借用証書の借主の名前は空白であったが甲が借主になるものと信じて保証したら，空欄に乙の名前が記入されて乙が借主になったというような場合が考えられるが，物の値段や分量については，その程度によって重要な部分かどうかが決まると考えられる。

錯誤の効果はその行為を取り消すことができることになるということであ

るが，表示行為を間違った者に，重大な過失のあるときは，そのような者まで保護する必要がないから，民法は，表意者の方から取消しを主張できないものとしたので（民95③），反対に，相手方からは取り消し得るという解釈ができそうである。しかし錯誤による法律行為を取り消すことができるものとする民法の精神は，表意者を保護しようとしているのであるから，重大な過失で，意思表示に錯誤があったが，自分が悪いのだからそのようなことをいうまい，表示どおりの効果が発生するのを甘んじて受けようとしているのに，相手方からは取消しを主張できるということは，おかしいといえよう。だから判例では，欺された方でそのままでいいと主張するときに，相手を欺して重要な事項に錯誤のある意思表示をさせた張本人から，法律行為の取消しを主張できるということは民法第95条，第96条（詐欺 - 後述）の表意者保護の立法精神に反するといっている（大判昭7.3.5）。したがって表意者以外の者からの取消しの主張ができると解釈すべきではなかろう。

ところで，錯誤の内容が法律行為の目的や取引上の社会通念からみて重要なものに関するということで取り消された場合であっても，その結果を善意・無過失の第三者に主張することができないものとされ，善意・無過失の第三者保護が図られている点にも注意を払っておく必要がある（民95④）。

2　詐欺による意思表示

他人を欺罔して錯誤におとしいれて表示させた意思表示を，**詐欺による意思表示**といい，民法は，このような意思表示は取り消すことができるものとした（民96①）。

欺罔するというのは，ことさら事実を隠したり，嘘をいうことで，黙っていても詐欺になることがある。ただし真実を告げる義務があるときに黙っていれば欺罔になるけれども，告げる義務のないことであれば黙っていることに違法性がないので欺罔にはならないと考えられる。

しかしこの区別はむずかしいことで，判例では，抵当権のついている不動産を黙って売ったときは詐欺罪になるとする刑事判例（大判昭4.3.7）があるが，民事の判例では，遊廓になる土地であることを知っているのに，そのことを

黙って，不知の相手方から土地を安く買った場合には欺罔にならないとする（大阪控判大7.10.14）。

この2例の区別は取引の要素について当事者が自分に直接関係のある事実と，関係のない事実とでは黙っていることについての信義誠実の原則からの評価が違う，あるいは自由競争，契約自由の原則から許されるかどうかの違いによるものだといえよう。

ところで，詐欺による意思表示で安く不動産を買い取った甲が，そのことを知らないし，それについて善意・無過失の乙にこれを売ってしまうと，欺された売主は元の売買を詐欺だといって取り消しても乙からその不動産を取り戻すことはできない（民96③）。民法は**善意・無過失の第三者を保護**するためにこういう定めをしているのである。

ところが，前述の錯誤による無効の規定によると，錯誤の原因は問わないから，上の例で詐欺によって法律行為の重要な部分に錯誤があり，表意者（売主）には重大な過失はないとして元の売主が甲に対する意思表示の取消しを主張すると，丙は問題の不動産を取り返されて，損害があっても甲（欺罔者）から賠償を受けるしか仕方がない。錯誤の場合の規定に善意の第三者を保護する定めがないからで，学者は，詐欺による意思表示の取消しの場合に第三者を保護する規定を置いていても，錯誤の場合の扱いが違うから，保護規定の実益はないといって非難していた。

つまり，詐欺による取消を主張した場合には善意・無過失の第三者に対抗できないとされているが（民96③），詐欺の結果として要素の錯誤となったとして錯誤無効の主張がされた場合には善意・無過失の第三者に対してでも無効をもって対抗することができるというのはおかしいというのである。しかし，この点についての従来の規定は現在では改正され，錯誤による法律行為も取り消すことのできる法律行為とされ，その取消しの効果も善意・無過失の第三者に対抗することができないものとされている（民95④）。

なお，詐欺を行った者が意思表示の当事者でない場合，たとえば，貸金の契約に当って借主乙，貸主甲という契約がされた際，乙は丙を欺いて甲との間で保証契約を結ばせた場合，乙は当該保証契約の当事者ではない単なる第三者

となる。そこで，この場合には，債権者である丙が乙の詐欺を知っているときに限って，甲からその保証契約を取り消すことができるのである（民法96②）。

3　強迫による意思表示

　不正に害悪を加えることを示して他人に畏怖心を起こさせ，これによってその他人にさせる意思表示を，**強迫による意思表示**といい，表意者からその意思表示を取り消すことができる（民96①）。ところが，強迫の場合は詐欺による意思表示の場合のように，善意・無過失の第三者を保護する規定がないことに注意しなければならない。だから，暴力団が強迫によって不動産を安く買い取って他人に転売したとき，その他人が善意・無過失で，そのような強迫によって元の持主がその不動産を手放したことを知らないということで，暴力団との契約を取り消されて不動産を戻さなければならないという不合理が生ずる。被害者の保護は十分であるけれども，詐欺の場合と比べてつりあいがとれないこととなる。民法の不備といえよう。

　強迫についても，その手段，目的から考えて，詐欺と同じように違法性の有無について問題がある。借金の取立てを委任された暴力団が，債務者を畏怖させて代物弁済として不動産を取り立てたような場合，その目的が本当に債権の取立てにあったのか，債権取立ては名目で，債務者から過大な財産を取り上げて委任者から多額の報酬をとることに目的があったのか，その手段としての強迫が，その目的のために社会通念上許されるものかなど，目的と手段を通じて判断されることであろう。一般的には目的が債権取立てを名目にしたにすぎないときや，その手段が一般に認められる社会通念から考えてその度合を越えるときは違法性があり，取り消しうるものと考えられ，恐喝罪の成否と同様に考えてよいと思う（法律行為の無効，取消しと詐欺，恐喝の罪との関係については後述する）。

4　行為能力の欠陥

　契約とは2人以上の者が一定の債権の発生を目的として合意をなし，法律がその効果の発生を認めてこれを保護するものであると説明した。そして契

第3　契約の取消し

約の当事者に，契約を結ぶ能力が必要だといった。この能力のうち権利能力は自然人，法人がこれをもっているから，契約の取消し，法律行為の取消しについて権利能力が問題になるのは，権利能力のない社団が契約を結んだとき，法人がその定款やその他の基本約款によって定まった目的の範囲外の契約を結んだときなどが考えられる。しかし，権利能力は，権利の主体となりうる地位，資格であるから，そのような地位や資格のない者の結んだ契約は，法律行為としてはじめから成立要件を欠いていたのであるから，有効や無効を問題とする前に，法律行為は成立しなかったのである。論理的には，法律行為が成立したか，そしてそれは無効か有効か，取消しできるかという順序で議論されるべき問題だからである。しかし法律行為の不成立も無効も当初から効力が発生しないという点では同じであるから，実際上区別する意味はあまり大きくない。

　さて，契約の取消しの問題としては，**行為能力**，つまり法律行為をなしうる能力の有無が考えられる。民法は行為能力に制限を受ける一定の者を制限行為能力者として，その行為は取り消しうるものとしている。そしてこのことは契約当事者の能力のところで説明したところであるから，その説明をもう一度勉強していただきたい（本章，第1，1参照）。

　最後に**契約の取消し**と**契約の解除**についてふれておこう。契約の解除は，後に損害賠償のところで説明するが，法律行為の成立（存在）と有効・無効の関係で前述したことと関係がある。契約の無効・取消しとして説明したところは以下のとおりである。契約は成立した，そして法律がこれに効果を与えてよいかどうかというときに，公序良俗違反，意思の不存在ということがあれば，そこで法律はストップをかけて効力は発生させない。これが無効である（錯誤については意思の不存在であるにもかかわらず取消しとされていることに注意）。意思表示に欠陥がある（詐欺・強迫）といえば取消しができるとされ，いったん法律によって効果が与えられたところでストップをかけられる。これが取消しである。そして無効といい，取消しといい，いずれも法律が公益的な立場から効果を与えてはまずいということに関して認められる制度である。ただ，当事者の意思にかかわらず絶対に効力を与えないも

の（無効）と，当事者の意思にまかせてよいもの（取消し）という区別，その区別は公益性の強弱という基準に従ってなされていると考えられる。

民法は総則にこの一般的な無効，取消しの規定をおいて契約を含む法律行為の全体の通則としているのである。

これに対して**解除**というのは契約について定められたものであり，いったん有効に成立した契約の効力を失わせるものである。契約は法律行為の一種であるが，法律行為にはこのほかに，遺言，取消し，解除，相殺というような単独行為なども含まれているから，解除も単独行為の一種であるという点で，取消しと同種のもので，ただ契約に関する通則として規定されており，解除の原因が法定されているものと，約束で決めることができるものとがあるというところが違うのだといえよう。また，取消しの場合は，法律行為がされた当初から存在した欠陥が主張されるものであるが，解除の場合は契約後になって発生した原因（例えば，履行期日の徒過や一方当事者の債務不履行）が主張される点が異なっている。

5　民法の詐欺，強迫と犯罪

民法の詐欺と刑法の詐欺は用語も同じであり，内容も似ている。強迫と脅迫も文字は違うが詐欺の場合と同じくその内容は似ている。ただ刑法の詐欺を考えるときに注意すべき点は，他人を欺罔して錯誤におとしいれた場合，その錯誤が民法のいうように「法律行為の要素に錯誤がある場合」に限らず，どのような点に錯誤があっても，その錯誤によって他人から財物をとったり，財産上不法の利益を得れば詐欺罪は成立するということである。だから欺された被害者がした意思表示に，法律行為の目的及び取引上の社会通念に照らして重要なものである錯誤があるとき（民95），取消しのできるとき（民96），解除のできるとき（民540以下）など，どの場合も詐欺罪が成立することになる。すなわち，詐欺罪の場合に，相手方の意思表示，法律行為などが民法上どのような効果を与えられるかということと犯罪の成否は関係がないのである。

また，犯人が使った欺罔手段も，それが民法上どのような効果をもつかと

いうことは，詐欺罪の成否には関係がなく，事実上，人を錯誤におちいらせるようなものであれば，それで詐欺罪は成立する。恐喝罪の他人を畏怖させる手段と，その結果他人がなす行為についても詐欺の場合と同じことがいえるのである。

第4　法令に違反した内容の契約

　戦後の経済復興のために制定された，臨時物資受給調整法という法律があった。この法律に違反して煮干しいわしを売った人が，その代金を支払えといって相手方を訴えた。最高裁判所は，臨時物資受給調整法は産業の回復振興に関する基本的政策や計画の実施を確保するために制定されたもので，この法律を受けて作られた加工水産物配給規則で指定している煮干しいわしは，規則で定めた機構を通した取引だけに効力を認め，無資格者の取引の効力は認めない趣旨であり，上の法令は**強行法規**である，といって代金支払いの請求を認めなかった（最判昭30.9.30）。

　この取引は，法令に違反した内容の契約であるが，判例でもいうように，ある法令の規定に違反した契約が無効となる場合，このような法令（規定）のことを**強行規定**といっている。民法は強行規定のことを「公の秩序に関する規定」といっている（民91）。強行規定に対して「公の秩序に関しない規定」を**任意規定**という。民法第91条は，法律行為の当事者が任意規定と異なる意思を表示したときはその意思に従う，といって，強行規定に反しない限り法律行為は自由だといっているように読めるが，その実はこの条文で，強行規定に違反する法律行為は無効であるということを示しているのである。

　どの規定が強行規定かということは，ひとつひとつ当たってみないと決められないが，大体の標準で考えると，第三者の利益に直接関係したり，親族の共同生活に関係するようなもの，民法でいえば物権，親族，相続に関する規定が強行規定で，契約に関するものは任意規定だと考えられる。そしてこの区別がむずかしいのは，前述の例にあげたように無資格者が闇で煮干しいわしを取引してはならないというような，一定の行為を禁止しておいてこれ

に違反した者を処罰するという，**取締規定**の場合である。ただし，農地法のように，許可なくしてされた農地の取引は効力を生じないとはっきり定めているような場合はそれが強行規定であることはよくわかるから問題はない（農地法3④・5②）。

　取締規定に違反した取引は多くの場合，処罰は受けるがその取引の効果まで否定されることはない。古物営業法，質屋営業法，出資の受入れ，預り金及び金利等の取締に関する法律などの規定に違反して古物商，質商，貸金業を営んでもその取引の相手方である客との契約が当然に無効となることはない。

　これに対してさきの判例のように，いわゆる統制法規といわれるものは経済秩序，社会秩序を守るために契約の効果をも否定する目的をもっているから強行法規だと考えてよいだろう。このように私法上の効力も否定する，という意味の強行法規の性格からそのような規定を**効力規定**ともいう。

　法令違反の契約でも，契約が法令に違反するということと，私法上の効果が発生するかしないかということは別であるということを知っておく必要がある。そしてまた，詐欺や強迫による意思表示で述べたように，法律行為の効力とは，私法上の効果が発生しないから犯罪になるというような関係をもたないのであって，ある行為について民法と刑法は別々の立場からそれぞれの効果を与えるものであるということを知る必要がある。

第4章　契約に関連して紛争を生じやすい法律関係

第1　所有権主張の限界

1　所有権の限界

　所有権は物を直接に支配できる権利であって，民法は，所有者は法令の制限内で自由にその所有物を使用，収益および処分する権利をもつ，といっている（民206）。憲法第29条は財産権は不可侵であるが，その内容は公共の福祉に適合するように法律でこれを定めるといっている。民法はこの規定を受けて第1条に，公共の福祉，信義誠実の原則，権利濫用の禁止を定めているが，所有権についても，それが絶対のものでなく憲法の精神や民法第1条の原則をうけて解釈されなければならない。

　民法は第207条以下に所有権の具体的な内容を定めている。すなわち，土地の所有権は，法令の制限内でその土地の上下に及ぶものである（民207）。「法令」とはさきに述べた憲法第29条，民法第1条の精神を受けた，所有権を制限する法律および政令を意味する。たとえば，ガス事業者が導管をひくために，経済産業大臣の許可を得て他人の土地に立ち入り，植物を伐採し移植できることを定め（ガス事業法43・44），冷房設備用，水洗便所用の地下水の採取が地盤沈下の防止のために制限され（建築物用地下水の採取の規制に関する法律），建築物が一定の制限を受ける（建築基準法）などの類である。

　このような具体的な法令がないからといって，自分の土地の上空をジェット機が飛ぶことを拒否し，土地の所有権は上下に及ぶから宇宙に達する無限

部分までその所有権を主張するというようなことは，権利の濫用とされるであろう。最近にあっては他人の所有する土地の地下40メートル以深の部分を無償で利用する大深度地下立法（大深度地下の公共的使用に関する特別措置法）が制定されている。

　自己の所有する山林原野の地底深くトンネルを掘って水利をはかるようなことも同様であろう。要するに土地の上下に及ぶ所有権の範囲も，その社会生活上の利用が保証される限度で認められているのであると考えるべきであろう。

　（注）　所有権を制限する法令の数は多いが，たとえば，銃砲刀剣類所持等取締法，高速自動車国道法，都市計画法，土地収用法，独占禁止法など，物の所持を禁じ，所有物の利用を制限し，公共のために収用し，取引や，取引の対価を制限するものなどがある。

2　相隣（そうりん）関係

　民法第207条は土地所有権の上下の範囲を定めるものであるのに対して，民法第209条から第238条は土地または建物の所有権の横の範囲を定めるものである。土地，建物の所有権の横の範囲（限界）を**相隣関係**という。

　土地の上下の範囲にくらべて，横の範囲，相隣関係については，きわめて紛争が起こりやすい。そこで相隣関係の主な規定について少し詳しく説明しよう。

　(1)　**隣地の使用請求権**　　隣地との境界で屋根を修繕したり，増築工事をするようなとき，その作業の必要上隣地の使用を請求できる。また，隣の人の承諾があればその住居にも立ち入ることができるが，隣に損害を与えるときはこれを賠償しなければならない（民209）。

　(2)　**公道に至るための他の土地の通行権**　　他人の土地に囲まれて公道に出られない袋地，池沼や崖があって公路に出られない準袋地の所有者は，公路に出るために囲んでいる土地を通ることができ（民210），通路を作ることもできる。そのことによって与える損害に対しては償金を払わなければなら

第1 所有権主張の限界

ない（民211・212）。通路を作るにしても、通行するにしても、できるだけ他人の損害を少なくするという控え目の権利行使が要求される。

共有地を分割したため公路に出られない土地所有者ができたときは、無関係の第三者の土地を通ることはできず、分割した相手方の土地のみを通行することができ、また土地を分割して売ったとき、買受人の土地が袋地や準袋地になったとき、あるいは売った本人の土地が袋地になったときは、分割されて売主に残った土地か、分割して売った土地しか通行することができない（民213）。分割するときにそのような不便は承知のはずであると民法は考えているのである。

(3) **自然の流水** 水が高いところから低いところに流れるのは自然の理であるから、低地の所有者はこれを忍容すべきである。しかしこれは、水が自然に流れる場合だけであって、隣地が土盛りしたために高低がついて流れるようなときは含まれない（民214）。

(4) **自然的排水のための工事** 自然の流水が事変のために低地でつまってしまったときは、高地の所有者が自費で必要な工事ができる（民215）。

(5) **人工的流水** 人工的に流す水は原則として隣地を使用する権利がない。だから、貯水、排水などの工作物がこわれたり、つまったりして隣地を侵害すれば隣地所有者から予防の工事や修繕を要求できる（民216）。雨水といえども隣地に直接そそぐような屋根や工作物を作ってはならない（民218）。

(6) **界標・囲障設置権** 土地の所有者は隣地の所有者と共同で界標（境界を示す標識）や、かこいを作ることができる（民223〜228）。こうして作った界標、かこいはその所有関係を契約で定めることもできるが、民法は共有と推定した（民229、例外民230）。かこいの高さは協議で定められないときは2メートルとされるが（民225②）、相隣関係にある者は自分で費用さえ負担すれば、これより高くしたり材料のよいものを使えるが（民227）、費用は原則として平等負担とされる（民226、その他民230〜232参照）。

(7) **竹木の相隣関係** 隣地の竹木の根が越境してくれば、相隣者は自分で切り取ってよい。枝であれば隣地の所有者に切ってくれと要求できる（民233）。

(8) **境界線付近の建築および構築物**　建物は境界から50センチメートルの距離を保っていなければならないが，これに違反する建築が進められようとするときは廃止・変更の請求ができる。しかし工事が完成したり，工事中でも着手から1年たつとこの請求は許されなくなり，損害賠償の請求ができるだけである（民234）。もっとも，都市の繁華街では，密接して建物を築造する例が多いが，このような慣習のあるところではその慣習に従うこととされている（民236）。

境界線から50センチは離れていても1メートル未満のところに他人の宅地を観望できる窓や縁側を作るときは，目隠をつけなければならない（民235）。この場合も，距離や目隠について別段の慣習があれば，それに従う（民236）。

井戸，用水溜，肥料溜は2メートル以上，池，あなぐら，厠坑は1メートル以上それぞれ境界から離さなければならない（民237）。

相隣関係は所有権相互の，とくに平面における関係であって，われわれの日常生活で常に紛争の起こりうる場合を規定している。民法の定めとともに建築基準法等の特別の知識をもってはじめてこれらの紛争を処理することができるであろう。

民法は相隣関係について互譲をその指導の精神としている。紛争の処理に当たっても，このことを念頭におかなければならないと思う。

第2　借金の法律関係

金銭の貸借は，民法上の契約の種類としては，消費貸借（民587）であることが普通である。貸借には，賃貸借（民601），使用貸借（民593），消費貸借の3つがあって，**賃貸借**は後に述べる借地・借家のように，他人の財産を借りて利用の対価として賃料を払うもの，**使用貸借**は無償で物を借りて利用するもの，**消費貸借**は，金銭その他の物を借りてこれを消費するが，それと同じ種類，品質の物を同じ分量だけ返すものである。借金は，金を借りて消費するが，借りた金そのものではなく同じ金額の金銭を返すという意味で，消費貸借である。だから，ある宝石店で，宣伝のために初めて発行された紙幣の，

第2　借金の法律関係

最も若い番号のものを他人から借りて，店頭に飾るというような場合を考えると，その紙幣をそのまま返す約束であるならば，金銭の貸借には違いないが，その貸借に賃料を払うならそれは賃貸借であり，無償であれば使用貸借であり，いずれの場合も借りたそのままの物，特定の紙幣そのものを返すという契約である点が，消費貸借と違うのである。

　借金の法律関係はわれわれの日常生活にもきわめて身近に起こりうる。退職後の用意のために土地を買おうとすれば，共済組合や互助会から借金をすることになる。その手続は借用証を入れ，保証人をたて，弁済の方法や利息の支払いを約束する必要がある。ここでは金銭の消費貸借を中心に，借用証書や利息，保証などの問題を考えてみよう。

1　借用証書・署名・押印

　借用証書とは，物を借りたとき借主から貸主に差し入れる証書をいう。しかし金銭の消費貸借が成立するための要件としては，借用証書の差入れは必要でない。消費貸借は，貸主と借主との間で，借主が同種同等同量の物を返すという約束と，その物の受渡しがあれば成立するからである（民587）。しかしながら，消費貸借契約が書面でされた場合や電磁的記録に基づいてされた場合には，合意に伴って契約は有効に成立し，物の受け渡しは契約の成立には直接かかわらないことになる（民587条の２）。そのような特殊な場合以外であれば，金銭の貸借は口約束による場合でも金銭の受渡しがあれば立派に成立するのであるが，借用証書の差入れがあると，後日に貸借について争いが起きたようなときに，口約束だけより強い証拠があることになる。もし借主がそのような金を借りたことがないとか，借りたことは事実だが金額が違う，金利が違うなどといって訴訟になれば，証拠としての借用証書があると，その証書に借主かその代理人の署名または押印のあるときは，まずその証書が真正のものであるという**推定**を受ける（民訴228④）。推定ということは反証をあげると（たとえばその署名や，押印は偽造だということを証明すると）文書の真正ということの推定がくつがえされることである。しかしそのような反証があげられないと，逆に証書が真正に成立したというだけでな

く，証書に書いてある金額や，利息についての貸借の約束についても強い証拠力が与えられ，いかに争っても借主の主張が通らないで訴えに敗れることになるのである。

　証書についてその成立が真正という推定を受けるためには，署名あるいは押印があることが必要であるが，つぎに署名と押印について考えてみよう。

　署名とは，文書の上に自分の名称を，自筆で書くことをいい，その文書を確認する作業である。たとえば戸籍の届書（戸籍法29），不動産登記の申請書（不動産登記法18）などには署名・押印が法令によって要求されている。署名は自筆で名称を書くことであるから，ペン，筆，カーボン紙などどのようなものを使っても差し支えない。手形法や小切手法などで，署名とあるのは記名・捺印を含むとされる（手形82，小切手67）。記名は，ゴム印，タイプライターなどで自分の名称を記載することで，このような機械的なものを用いることのみならず，他人に自分の名称を記載させてもよい。商法では記名は捺印によって署名に代わるものとされるのは，署名が，行為者の同一性を確認するのにいちばんたしかな方法と考え，その代用としては名称の表示と捺印という行為を結びつければたしかであると考えているからであろう。さて，捺印または押印は，印章を用いて，記名と同じように，行為者の同一性を確認できるような表示をすることであるが，印章は，記名と合っていなくとも，たとえば甲野太郎という記名に対して，甲太とか太郎といったものでもよいのである。なお印章には**実印**と**認印**の区別があるが，実印とは印鑑証明のために市町村役場や登記所に届けてある印章（商業登記法20，商業登記規則8・9）をいい，実印以外の個人の印章を認印といっている（実印は民事訴訟法や国税徴収法の規定によって差押えを禁止されている）。

　署名，押印の意味や方式は上記のようなものであるが，金銭の借用証書に署名または記名・捺印のあるときは証拠として強い力をもつが，はじめにふれたように，証書の形式がととのっている場合でも，それが偽造であることが証明されると，その証拠としての価値はなくなる。もっともむずかしい問題があるのは，証書に表わされた署名や押印が，借主の意思にもとづかない場合である。署名はあるが，脅迫された結果の署名であったり，印章が盗用

されたり，委任の範囲を超えて使用されたような場合である。この場合には，形式上は真正の証書ということができても，その作成者の意思のあらわれていないものとしてその全部または一部が無効のものとして扱われる。

2 利息と担保

(1) 利　息　金銭貸借には利息がつくのが普通である。**利息**とは，元本の額と期間に応じて支払われる金銭またはその他の代替物である。元本に対して一定の期間に応じて生ずる利息の割合を利率といっている。金銭の貸借で利息が当事者の特別の約束で決められるものを**約定利息**といい，法律で定まっているものを**法定利息**といっている。たとえば，法定利息の例としては商人間の貸借には商法により必ず利息がつくことになっていることなどがあげられる（商法513）。

さて，利息を決めるについては**利息制限法**によって一定の制限があり，また金銭を貸し付けることを業とする者については，高金利や手数料の暴利などが処罰されることに注意しなければならない（出資の受入れ，預り金及び金利等の取締に関する法律）。

利息制限法は，金銭を目的とする消費貸借上の利息について暴利をおさえることを目的とする法律で，まず利息の最高限度として，元本が10万円未満のときは年2割，10万円以上100万円未満のときは年1割8分，100万円以上のときは年1割5分と決められ，それ以上の利息は超過した部分が無効とされる（利息制限法1）。無効だというのは，金銭貸借の当事者が制限以上の利息を約束しても，制限を超えた利息は支払いを請求することができないということで，仮に払わないからといって裁判にもち込んでも国家はそのような暴利の取立てに力を貸さないということである。そこで最高裁判所は，最初，超過利息を払ったときは，超過している部分が無効だからその分を返せとはいえないが，もし元本債権が残っておれば，その超過した分は元本の弁済にくりいれられる（充当できる。民489）ということを明らかにした（最判昭39.11.18）。たとえば，10万円を月2万円の利息，期間1年の約束で貸した場合，10か月分だけ利息を払ったが，その後は利息を払わないので，約束の期

限である1年目に，元利金を支払えという訴訟が起こされたとする。利息制限法では10万円の元金であれば利息は年1割8分で合計1万8,000円が限度で，10か月間に払った利息20万円は制限より18万2,000円を超過していることになる。しかしその余分の18万2,000円はすでに任意に払ったものであるから返還を求めることはできず，その分は元本10万円の返済に充当できる。借主は元本10万円プラス利息制限法に定める制限内の利息1万8,000円，合計11万8,000円を支払えば元利，耳をそろえたことになるはずであるが，利息は支払済でかえって制限超過分を元本の方に充てるともはや一銭も支払わなくともよいことになる。この判決は，国家は借主に制限超過の利息を取り戻すことに力をかさないと同時に，貸主にもすでに受け取った超過利息を別にして更に元金と制限内の利息を支払えという虫のよい訴えにも保護を与えないことを明らかにしたものである。そして更に最高裁判所は上記のような例で11万8,000円払えばよかったのに20万円払ったときには，余分の8万2,000円は債務完済の後に支払ったもの，すなわち債務がないのに弁済したこととなり，**不当利得**として返還請求ができるということを明らかにした（最判昭43.11.13）。

　街の金融業者の行う金銭の貸付に，利息の天引がある。利息をあらかじめ元金から差し引いて残金を貸借することで，10万円を1年間年2割の約束で貸すのに，利息2万円を天引すると，手取りは8万円となって，しかも1年後には10万円を返さなければならない。利息制限法はこの場合，手取りの8万円を基準にして制限利息（2割）を計算して1万6,000円とし，天引の2万円はこれより4,000円超過するので，その4,000円は元本10万円に充当され，1年の終わりには9万6,000円を返せばよいと定めている（同法2）。そのほか金銭貸借の契約に必要な費用（印紙代，証書用紙代など）を除いて，礼金，割引金，手数料，調査料などその名義が何であっても，すべて利息とみなして，もしこのような名目で金銭を差し引くと，天引利息と同じ扱いを受ける（同法3）。

　また利息には**重利**（複利）がある。重利とは利息を約束の時に支払わなかった場合，この利息を元本に組み入れて元本プラス利息を新しい元本として

利息をつけることをいう。重利は約束または法律の定めによって生ずる。前者を約定重利,後者を法定重利というが,民法は第405条に,利息が1年分以上支払われないときに貸主から催促しても借主が支払わなければ,貸主はその利息を元本に組み入れることができると定めている。

なお法定利率は年3パーセントと定められている(民404)から利率についての取極めがなければ法定利率によることとなる。

つぎに,**遅延利息**とよばれるものがあるが,これは借金を約束の時に返さない場合に,その後の支払遅延に対してとられる損害賠償であって本質は利息ではない。だから無利息で金を借りても約束の時に返さなければその時からこの賠償金をとられ,このときにもあらかじめの約束がなければ法定利率で支払うこととなり,はじめから利息つきの約束でその約定利率が法定利率を上回っておれば,損害金も約定利率によることとなる(民419)。

(2) 担 保　**担保**とは,債権を確実に弁済してもらうことを確保する手段である。担保の種類としては,債務者の財産から他の権利者に先立って弁済を受ける制度から,債務者以外の保証人や連帯債務者から弁済を受けるという制度まで,その範囲はきわめて広い。民法には質権,抵当権,保証,連帯の制度を定めている。以下,金銭貸借の担保を例にとって説明する。質権,抵当権は貸主が借主または借主以外の保証人(物上保証人という)が提供する財産について優先的に弁済を受ける権利を行使できる制度で,質権はその担保財産を貸主に引き渡してしまうのに対して,抵当権は借主またはその物上保証人の手許にこれを残しておいて使用し収益し続けることができるところに違いがある。

① 質　権　**質権**は目的物を貸主に引き渡すことが必要で,目的物は不動産,動産,権利等種類を問わない。質権は借主または物上保証人の財産をとりあげてしまって,借金が返済されなければ財産を返さないという方法で返済を強制し,返済しないときには目的財産を裁判所に換価してもらってその目的を達することができる。しかし,目的物をそのような裁判所によって売ってもらうという公の手続なしに貸主の物にしてしまう**流質**は禁止されている。ただし質屋営業法によって質屋だけはこの流質処分が許

されているので，いわゆる質流れが認められる。流質を一般に許すと貸主には便利なだけに，お金を借りなければならない弱い立場の借主は借りたい弱みにつけこまれて不当な損失をこうむる危険があるからで，質屋のような国家がその営業を監視できる営業者にだけこの方法を許している。商法では，商人の間の取引ではこの流質契約というものを許している（商515）。

　② 代物弁済契約（仮登記担保契約）　　**代物弁済契約**とは，流質に似た制度で，借金を返せないときには，不動産等の財産を貸主の所有物にして決済するというものである。借りた金に比して代物弁済の不動産などの値打があまりにもかけはなれて多額であるという場合に限って，暴利として公序良俗違反となりその代物弁済契約が無効だとされたが，最高裁判所は，代物弁済契約でも，借金の額をはるかに上回るような不動産を目的物とするようなときは，金を返さなかったときに，その不動産がそのまま貸主の所有物になるのでなく，その不動産を処分して，貸金に相当する金額だけが貸主のものになり，あまった金は借主に返すべきだと判断している。代物弁済契約を担保権と同じように考えて流質禁止の精神と同じような解釈を示した判例である（最判昭49.10.23）。その後，この問題については「仮登記担保契約に関する法律」（昭53.6.20法78）が立法され，これによって債権者は清算金を提供しないかぎりは当該不動産を取得したり処分したりすることはできないこととされた。

　③ 抵当権　　抵当権設定契約によって，貸主と借主または物上保証人の間で約束がなされ，担保となった財産について一般の人に公示するために登記または登録がなされる。したがって，**抵当権**の目的となるものは，登記または登録のできる物件でなければならない。民法では不動産の所有権，土地の上の権利である地上権，永小作権をその目的物として認めているが，他の法律で，立木，工場財団，自動車，農機具などが認められている（立木法，工場抵当法，自動車抵当法，農業動産信用法など）。

　抵当権者は裁判所の手続によって債権の満足がえられるが，抵当権は目的物を債務者の手許に残しておくから，同じ財産にさらに他の債務の抵当権を設定することができる。これが一番抵当，二番抵当といわれるもので，

53

その順位は登記または登録の順位による。抵当権に順番がついているから抵当権者はその順位で債権の満足をえるのである。たとえば甲という借主が乙からの借金100万円について200万円の不動産に抵当権を設定し，次に丙からの借金200万円について同じ不動産に抵当権をつけると，乙が第一順位，丙が第二順位の抵当権者として債権の満足をえることになる。この場合，裁判所で競売が行われ，不動産が200万円で売れたとすると，乙がまず100万円をとり，丙は残りの100万円をとることとなり丙の債権200万円は半分しか満足させられないことになるのである。

(3) **保　証**　　金銭貸借において，借主が弁済しないときに第三者が弁済する場合を，**普通の保証**といい，借主と連帯で，借主が弁済するとしないとにかかわらず保証人が弁済の責任を負う場合を**連帯保証**という。これらの保証契約については，いずれも書面による契約であることが要求され，口頭での契約などは無効となる（民446②）。普通の保証だと，貸主から保証人に金を払えといってきても，保証人は，まず借主本人に請求してくれということができ（**催告の抗弁権**という），またその請求した後であっても，保証人が強制執行をすれば借主の財産から簡単に取りたてることができることを証明すると，まずそちらの方に強制執行してからでないと保証人の財産にかかってゆくことはできない（**検索の抗弁権**という）。しかし，この保証が単純保証ではなく，連帯保証であるということになるとこのような文句や注文はつけられないので，借主が十分な財産をもっていても，いきなり請求された場合でもこれに応じないわけにはいかない（民454）。保証人といっても，これだけの相違があるので，その種別には注意が必要である。

　連帯保証に似ているものに**連帯債務**がある。これは1人の貸主から数人の借主が同一の内容の借金をする場合で，貸主は貸金全部を返してもらうまで，連帯債務者の全員の誰にでも，その金額を返してくれと請求できる（民436）。もちろん連帯債務者の1人が全額弁済すれば他の連帯債務者は支払を免れることになる。連帯債務は借金をする者から頼まれてその関係に入ることが多いが，後に説明する不法行為のように，共同で他人に損害を与えたような場合は法律上当然に連帯債務となる（民719）。

借金をする者に頼まれて連帯保証人となると，自分は直接金を手に入れていなくとも，借金全部の責任を負うことになる。貸主には頼まれたというような内部の事情をたてに抗弁をすることはできない。しかし，実際の借主と保証した者の間では，負担部分というのが定まり，金を手に入れていない保証人は負担部分が零であり，その保証するときの事情によってこの割合は違ってくる。そして，自分の負担以上に貸主に弁済すると，負担を超える部分は他の者，たとえば本当の借主から返してもらえる（**求償**という）。このことは普通の保証の場合でも同じである。

第3　借家人，借地人の権利と家主，地主の権利

　家屋や土地の貸借は，金銭の貸借にくらべると複雑な仕組になっている。家屋については賃貸借契約によって借家人が賃借権を取得する方法しかないが，土地については，賃貸借契約以外に地上権を設定したり，農耕地であれば永小作権が設定されることもある。地上権や永小作権は賃借権のように債権ではなく，**物権**であるから地主が変わってもその土地を利用する権利に影響がないし，またその権利を他人に譲渡することもできる。**債権である賃借権**だと，地主や家主が変わると，民法上の原則では借家人や借地人の権利が失われたり，借地人はその権利を自由に譲渡することができない。つまり債権より物権の方が強いのであるから，土地を借りたければ，物権である地上権や永小作権にすれば，それで借地人の権利は守れることになるのであるが，現実には，貸す方の地主の方が強いから，地主の方が弱くなるような物権は利用されずに，債権である賃借権を利用するのが原則になってしまっている。そこで民法のほかに，特別法を作って土地のみならず家屋についても賃借人の権利を強くする方法がとられている。特別法には，借地借家法などがある。つぎに借家や借地に絡む紛争に臨んで知っておかなければならない基礎的な知識について述べてみよう。

第3　借家人，借地人の権利と家主，地主の権利

1　借地借家法等の特別法の民法に対する特則としての意義

　(1)　**借地と民法**　　民法では，債権である賃借権でもその権利を登記しておくと，地主が変わっても新しい地主に権利を対抗できるとしているが（民605・177），登記は地主が承諾し協力してくれないとできないから実際には登記されることは少ない。そこで借地借家法は，借地の上にある自分の建物を自分の名義で登記をしておけば，地主が変わっても新地主にその借地権を対抗できると定めている（同法10①）。この対抗できるという意味は，地主が変わっても，借地人から，自分が借地権をもっているということが主張できるということである。

　民法では，借地権は賃借権一般の**存続期間**と同じく，長期50年，これを更新しても更に50年が限度とされているが（民604），借地借家法は，契約当事者が特にその期間について特約をしなかった場合には30年とし，これより短期間の契約をしても，この期間についての約定は無効となり，結局，30年となる。また期間が満了したときも，建物が存在すると，地主がみずから，その土地を使う必要がある場合など，正当な理由がないと土地をとりもどすことはできないし，正当の理由がなかったり，期間が満了して異議の申出をしないと，前の条件と同じ条件で借地権が設定されたものとみなされる（借地借家法5・6・7）。

　民法では，借主は地主の承諾なしに権利を他人に譲ったり，**また貸し**することはできない（民612）。この点は借地借家法でも修正されていないが，そのかわり借地の上の家屋を買い取った第三者に対して，地主が最初の借主からの賃借権の譲渡やまた貸しを認めないときには，その建物を時価で買い取らなければならないこととされている（借地借家法13・14）。土地の上の建物を売る場合には普通はその敷地の賃借権もいっしょに売るから，地主がその土地の賃借権の譲渡を認めまいと思うと，その家屋を買い取らなければならず，このような借地借家法の定めは，間接的に地主に賃借権の譲渡を承諾することを強制するような効果をもっていることになる。

　地代は地主と借地人の間の約束で定まるが，もし約束の後にその土地に対

する税金その他の公課が増減したり，土地の価格が上下したり，その他各種の事情によって，地代が不相当なものになったときは，地主または借地人から地代の増減の請求ができるし，その増額または減額について争いのあるときは，増額（値上げ）の場合，借地人は，その増額が正当であるという裁判が確定するまでの間は，自分の正当と考える額を支払っておけば，契約上の債務不履行の責任を負うことはなく，もし裁判が確定して，自分の支払っていた額で不足することとなれば，その差額とこれに対する年1割の利息を支払えばよいこととされている（借地借家法11②）。また逆に減額（値下げ）の場合も，自分の払っておいた額で余りあるときには，その差額に対する年1割の利息を受けることができるものとされる（同条③）。

(2) 借家と民法　借地と同じように，借家についても賃借権を登記すると家主が変わっても新家主に対抗できるが（民605），借地の場合と同様，借家権について登記されるようなことはまずありえない。そこで借地借家法は民法を修正して，借家人がその借家に住んでいれば，家主がその家屋を売り払って家主が変わっても，新しい家主に対しても借家人はその権利を主張できることとしている（借地借家法31）。

借家権の民法上の存続期間は土地の場合と同じであるが（民604），借家については期間を定めても，その定めが1年未満のときは借地借家法によって期間の定めがないものとみなされる（同法29）。存続期間の定めがないときは，借家人を立ち退かせるためには家主から6か月前に申入れをしなければならないし，存続期間が定めてあってその期間が満了したときも，また期間の定めがなくて6か月前の申入れをしたときも，いずれの場合も家主の方に，その家屋を自分で使うというような正当の事由がないと立ち退かせることはできない（借地借家法26）。

借家のまた貸し，借家権の譲渡は家主の承諾が必要であるが（民612），借地の場合のような保護規定はない。しかし家主の承諾をえてその建物につけた畳，建具や造作は，賃貸借終了のときに家主に時価で買い取ってくれと請求ができる（借地借家法33）。

家賃についても地代と同じように増減の請求ができ，裁判の確定するまで

は相当の額を支払っておけばよく,裁判で定まった額との不足ないし余剰,利息について地代と同様に定められている(借地借家法32)。

(3) **借家権の相続** 借家人が死亡するとその借家権は相続財産として相続人が相続するが,被相続人(死亡者)と同居していた事実上の夫婦や事実上の養親子と同じ関係にあった者も,とくに反対の意思表示をしなければ当然に借家権を引き継ぐこととなり,内縁の妻などの居住権の保護がはかられている(借地借家法36)。

2 供　託

家主や地主の賃料値上げの要求があり,もとのままの賃料では受け取ってもらえないとき,あるいは家の明渡しを要求されてから家賃を届けても受け取ってもらえないとき,家賃を**供託**することができることはよく知られている。供託によって家賃を払っていない(債務不履行)という不利益を免れることができるからである。

供託は,ある財産を供託所という国家機関(法務局,地方法務局またはそれらの支局および法務大臣の指定する出張所)に提供してこれを管理してもらい,供託所からこれらの財産をある人に受け取らせることによって一定の法律上の目的を達する制度である。供託ができるかどうかは「……のときには供託ができる。」「……のときには供託しなければならない。」というように根拠法規に定められており,その手続は供託法(明治32年法律第15号),供託規則(昭和34年法務省令第2号)などに定められている。

供託の種類には,地代家賃などの弁済のための供託,保証のための供託(営業保証,裁判上の保証),強制執行のための供託,保管のための供託などがあるが,地代,家賃等の弁済供託は民法第494条に定められ,金銭その他の財産を給付する債務を負担しているときに,債務者が受領を拒むとか,債権者の所在が不明であるとか,債権者が死亡して相続人がわからないような事情のあるときに,債務の目的物を供託して債務不履行の責任を免れることができる。このようなときに供託された財産は債権者(被供託者)から**還付の請求**ができるし,また供託の必要がなくなったときには債務者(供託者)

から**取戻しの請求**ができる。

第4　理由なき利得の効果

1　不当利得

　ある人が利得し，そのために他人が損失をこうむったときに，その原因が，ある人の故意・過失にもとづく違法行為であれば，損失をこうむった人は損害賠償の請求ができる（不法行為‐後述）。利得の原因に正当な理由もなく，しかも他人が損をしたというのであれば，その損失を利得者から取り戻せるようにしないと不公平，不合理なこととなる。このように法律上の原因がなくて他人の損失において利得することを**不当利得**といい，民法は損失者には，その利得を取り戻す権利を認め，利得者には利得を返す義務を定めている（民703・704）。たとえば，ある取引で物を渡したり労務を提供したときに，その行為が取り消されたり無効になったときの相手方の利得をはきださせる制度である。

　このような不当利得があったときに，その利得をどのような範囲で返せばよいか。民法は，償還の請求を受けたときに保有している限度で返還すればよいとしている（民703）。したがって利得者が一部を使ってしまっておればその残りを返還すればよいことになる。しかし利得した者が，最初から法律上の原因のないことを知っていたような場合は，利得が残っていてもいなくても受けた利得に利息をつけて返還し，また損害があればその賠償もしなければならないとしている（民704）。

2　非債弁済

　債務がないのに弁済としてなされた給付を**非債弁済**といっている。この場合の非債弁済は広い意味をもっているから，いったん借金を返した者が誤って二重に弁済し，貸主も気づかずにこれを受け取ったようなときも非債弁済の一種であり，このようなときは一般の不当利得として利得の返還請求がで

きる（民703）。しかし民法の規定する非債弁済は狭い意味で，債務のないことを知りながら債務の弁済としてした給付のことをいっている。前の例では，すでに借金を返して債務のなくなったことを知っていながら二重に弁済する場合である。民法はこのような無意味と思われる給付は返還してくれという請求権がないと定めている（民705）。しかし全く無意味な行為なら，民法は当然のことを規定したことになるのであるが，非債弁済のなされる場合として，債務のないことは知っていたが脅迫されて怖くなって支払ったとか，債務がないにもかかわらず強制執行を受けそうだからそれを免れるために弁済した，というような特別の場合が考えられるので，このように客観的にみると弁済しても不合理でないような弁済には民法第705条は適用されないで，普通の不当利得として返還請求が認められている。だから民法の非債弁済の規定は，非債弁済をするようなことはまれであるから，むしろそのような弁済を受けた方から，弁済者が債務のなかったことを知っていたということを立証できなければ，不当利得として返還しなければならないということを意味していると考えるべきであろう。

　金を借りたことのない者が，錯誤によって間違って金を返したようなときは，債権者がその事情を知らずに，借用証書を破棄したり，担保権を放棄したり，弁済を受けたつもりで，本当の債務者に請求をしなかったために時効にかかってしまったようなときは，債権者を保護する必要があるから，弁済をした者は債権者に不当利得の返還の請求はできない。しかし本当の債務者に対してはその者が債務を免れたから，償還の請求はできる（民707）。

3　不法原因給付

　賭博に負けた者は，勝者に賭金を返してくれと請求することはできない（民708）。賭博に負けた者が金を払うという約束は公序良俗に反するから無効であり，無効な約束にもとづいて金を取ったことは，不当利得として返還請求ができる筈であるが，民法は，不当利得が不法の原因にもとづいて発生したときは，そのような利得の取戻しを認めると，自分が不法な約束をしておきながらそのことを理由に国家に力を貸してくれといえることになり，法

律秩序の上からいかにも不合理であるから，不当利得ではあっても，例外的にその返還請求権を認めないこととしたのである。これを不法原因給付というが，これは不当利得のひとつの例外である。

第5 損害賠償

契約が履行されないときには，その契約を解除しかつ損害賠償の請求をするのが普通である。契約が守られなかったときの措置として解除や，損害賠償の請求という手段があるが，この損害賠償の請求は，契約の場合だけに限ったことではない。

損害を受けた者は，一定の場合に損害賠償義務者に対して，損害をつぐなって損害のなかったと同じ状態にしてくれと請求する権利をもっている。この権利を**損害賠償請求権**といっている。

損害賠償請求権は法律の規定から生ずることもあり（民117・198・200・442・709等），契約などの法律行為から生ずることもある。法律の定めから生ずるもののうち重要なものは，**債務不履行**（民415以下）と**不法行為**（民709以下）である。債務不履行と不法行為を説明し，債務不履行に関係して契約解除の問題を考えてみよう。

1 債務不履行

債務者が約束の期限に債務を履行しないことを**債務不履行**といっている。債務不履行には履行できるのに履行しない**履行遅滞**と，履行することが不可能なために履行しない**履行不能**および，例えば，ビール1ダースを届ける債務で3本が割れていて9本しか完全なものを届けなかったというような**不完全履行**の3種類がある。

売買を例にとって考えると，買主は代金を支払うという債務を負うが，世の中に金銭というものがあるかぎり，金を払うことが全く不能ということはありえないから，金銭債務に関しては履行不能ということはありえない（民419参照）。売主の方では財産権の引渡しという債務を負うが，自分の過失で

第5　損害賠償

引き渡すべき物をなくしてしまったようなときに履行不能が生ずる。従って，買主の債務不履行は常に履行遅滞である。売主はその履行を求めるために国家の力をかりて強制執行ができるが，履行遅滞によって生じた損害の賠償も求めることができる。そして金銭の債務不履行の場合の損害は，売主が実際にはどのような損害をこうむったかには関係なく，原則としてすべて年3パーセントの割合で計算される（民419・404）。金銭債務は履行しなかったことが不可抗力によるという弁解が許されないかわりに，損害の額も原則は法定利率によるものと定められているのである（民419）。

　反対に売主の物の引渡しが遅れて履行遅滞におちいると，買主からその履行の遅れたことによる損害の賠償（**遅延賠償**）を求めることができる。ただし売主の場合は，金銭債務ではないから，不可抗力で履行できなかった場合には損害賠償の責任を免れることができる（民415①ただし書）。また，このときの損害額は買主にとって，そのような場合に生ずるであろうと考えられる損害全部を含んでいる（民416）。「生ずるであろうと考えられる損害」とは，たとえば売買の目的物である貨物自動車の引渡しが1か月遅れたために，他から自動車を借りて運送したために生じた自動車の借賃相当額である。

　しかしこの場合に，中古車を借りていたためにブレーキの故障で事故を起こし傷害を受けたから，その治療代も「生ずるであろうと考えられる損害」とみることは，なるほど新車を使っていたら起こらなかった事故，すなわち損害であるという意味で関係があることになるが，民法はこのような損害については，債務者―自動車の売主が，そのような事故の起きることを予め知っていたか，知ることができたはずだというときに限って賠償すべきものとし（民416②），無限につらなる関係を制限している。この考え方を**相当因果関係説**という。しかし設例の場合でも，自動車の納入が1日遅れたら1万円宛払うというような特約があるとその特約が効力を生ずるものとされている（**損害賠償額の予定** ‐ 民420・421）。

2 契約解除

さきに，債務不履行と損害賠償の例として中古自動車の売買をあげたが，買主が売主の債務不履行（引渡しの遅れたことなど）を理由にして損害賠償を求めるときも，当然に，買主として代金の支払債務を免れることにはならない。もし代金の支払も免れようとするのなら，買主は契約を解除しなければならない。

契約が解除されると，はじめから契約がなかったと同じような結果になり，上の例の場合には，代金の一部が支払われておればこれを買主に返し，車を受け取っておればこれを売主に返さなければならない。このような義務を**原状回復の義務**といっている。契約がなかったと同じ，もとどおりの状態にもどす義務が，売主・買主の双方に課せられるわけである。契約の解除は，自分の債務の履行責任を免れるための制度であって，これをするには故意や過失などの相手方の責めに帰すべき要件は不要であるから，相手方に債務不履行が生じていることは必要ないことになる。相手方の責めに帰すべき事由による債務不履行を理由としてされた解除である場合については，その解除をしなければならなかったことに責任のある方，たとえば代金の支払が遅れたことが原因なら買主が，物の引渡しが遅れたり，不十分な物を渡したことが原因なら売主が，それぞれ相手方に損害賠償をしなければならない（民545）。

このような解除をするためには，相手方の債務不履行を理由にするときは，あらかじめ相当の期間を定めて，相手方に履行するように催促し，それでも履行しないというときでないと解除はできない（民541）。しかし履行不能，すなわち中古自動車が焼失してしまって引渡しができないときには，催促の手続なくして解除できる（民542）。

3 不法行為

他人に損害を加える違法な行為を不法行為という。民法は不法行為者に損害を賠償すべきことを定めているが，さきに述べた債務不履行とともに，不法行為は民法上，損害賠償請求権を発生させる原因のひとつである。

第5　損害賠償

(1) 不法行為と犯罪（民事責任と刑事責任）

不法行為は多くの場合犯罪となる。放火，傷害，殺人，名誉毀損などの犯罪者には刑事上は刑罰が加えられるが同時に被害者に対する民事上の損害賠償責任が問われる。前者を刑事責任，後者を民事責任という。刑事罰は行為者に対する応報と，社会一般に対する責任を問い，民事責任は被害を受けた直接の被害者の損害に対する行為者の責任を追及するものである。刑事責任は，人を殺した，傷をつけたという結果よりも，そのような違法行為を行った行為者の悪性が大きいか小さいかに応じて死刑，あるいは懲役，罰金といった刑罰を科するが，民事責任は行為者の悪性などの主観的なことには重きを置かないで，殺人，傷害によって生じた損害が大きいか小さいかによって賠償の責任の大小をきめる。

民事上の賠償責任は，故意によるか過失によるかの区分はしないが，刑事上の責任は原則として故意にもとづくものに責任を問い，過失にもとづくものは例外として責任追及をすることとされている。たとえば，過って他人を傷つけた場合は民事上も刑事上も責任を問われるが（刑209），過って他人の窓ガラスを割ったときは，民事上の責任を問われるが刑事上は責任を問われない（過失器物損壊罪はない）。犯罪の未遂についても同じである。刑事責任では，行為者の悪性ということを重視するから，未遂の場合も処罰することがあるが，民事責任では，実際の損害の発生しない未遂は問題にされない。

(2) 不法行為の要件

不法行為者が民事責任を負うための要件はつぎのとおりである。

イ　違法行為をした者に故意または過失のあること　　故意または過失といってこれを区別しないで責任を問うことが刑事責任との違いであることは，さきに述べたとおりである。

故意または過失があるためには，その行為者が普通の判断力をもっていることが必要で，判断力のない幼児，精神薄弱者などは責任を負わない（民712・713）。このように自分の行為の結果がどのような法律上の問題になるかを理解する能力のことを責任能力というが，これを有しない者に損害賠償責任を求めることはできないからである。

故意も過失もない者は責任を負わない，というのが民法の**過失責任の原則**であるが，この原則は，普通人としての注意を払っておれば民事責任を問われることなく，自由に経済活動ができる，というところに意味がある。しかし，近代的な企業の大規模な発展から，企業活動から生じる損害は，故意過失のない行為が原因でも，大きな利益をあげる企業にその賠償責任を負わせようという**無過失責任の原則**が唱えられるようになり，この考え方は現行民法の第709条そのものの解釈としては無理があるけれども，鉱業法，原子力損害の賠償に関する法律などの特別立法で無過失責任の原則がとられるようになった。

　ロ　行為が他人の権利又は法律上保護される利益を侵害するものであること　　民法は不法行為は他人に損害を与えるものと考えているが，その損害を与えることが，他人の権利又は法律上保護される利益を侵害することを必要としている（民709）。**権利**とは所有権，著作権その他の財産権，身体，名誉，その他の人格権などをいう。損害を与えるけれども権利を侵害する行為ではない，というときは不法行為の責任を負わない。たとえば他人が八百屋の店を開いている。その向かいに同じ八百屋を開業した結果，競争となってはじめから開業していた店の売上げが減少したときは，損害を生じたことは事実であるが他人の権利を侵害したことにはならない。営業の権利は何人にも与えられているので，同じ営業をしたからといって権利を侵害したことにはならない。しかしこの場合でも，はじめから開業していた人の「八百松」という商号と同じ商号を使って競争したとなると，それは商法の**商号権**（商12～14）という権利を侵害したことになって不法行為の責任を負うのである。

　従来民法709条は，「他人の権利を侵害した」場合に成立すると規定されていた。しかし，上の例で他人の商号を使ったりしないが，向かいの八百屋の品物には農薬がついているというような虚偽の風説を流したり，偽計を用いてその信用を傷つけた場合のように刑法にふれるような行為をした場合（刑233）にも，犯罪行為ではあるが，権利の侵害がないから不法行為ではないということは，いかにも不合理であるといえよう。そこで，平成16年に行われた民法改正によって「他人の権利又は法律上保護される利益を侵害」して他人に損害を生じさせた場合には不法行為になると規定を変更している。

第5　損害賠償

これは，権利の侵害ということでなくとも，犯罪行為のような違法な行為であれば，不法行為の責任を負うのであると考えたものである。この違法の行為とは犯罪だけに限ったわけでなく，およそ信義に反するような行為であれば，すべて不法行為の責任を負うと考えるのが，民法の精神に合っていると考えるべきであろう（民1）。

　　ハ　相手方に損害を与えたこと　　損害というのは，財産的な損害だけでなく，精神的な損害，たとえば自動車で過って他人を殺した場合，その遺族に与えた精神的な苦痛も損害と考え，これに対しては慰藉料を支払うことになるのである（民710・711）。

(3)　不法行為の効果

不法行為によって生じた損害を賠償する責任を負うことが，**不法行為の効果**である。賠償は損害を金銭で計算して，金銭賠償をすることが原則であるが，名誉毀損のようなときには新聞に謝罪広告をするような，名誉回復の方法（原状回復の方法）をとる場合もある（民722①〜723）。

損害について，どの範囲まで賠償すればよいか，すなわち，加害行為の結果発生した損害とその原因である加害行為との関連をどう考えるかという問題は，さきに債務不履行のところで述べたとおり**相当因果関係説**によって解決される。民法は不法行為については，とくに規定をおいていないが，不法行為についても債務不履行の場合の規定（民416）と同じように解釈すべきものと考えている。慰藉料の算定も相当因果関係説によって，一般の人であれば満足できるであろうと考えられる金額を賠償すべきである。

損害額の算定について，裁判所は被害者の過失を考慮することができる（民722②）。これを**過失相殺**といっている。公平，信義則という立場から加害者と被害者の調整をはかる制度である。交通事故の場合にはよくあることで，車掌が制止したのに満員バスのステップに片手片足で乗ったために落ちて負傷したとき，交通ひんぱんな車道を左右の確認をせず斜めに横断したり，管理者もなく警報機もない踏切を電車に注意せず横断した，というようなときの事故については被害者の過失も認められるわけであるから，そのことを考慮して加害者に過失があってもその損害額を合理的な範囲に減額されることがあ

る。

(4) 特殊の不法行為

民法は一般の不法行為のほか**特殊の不法行為**を定めて，不法行為の要件のうち故意，過失について特殊の規定をおいている。

　イ　**責任無能力者の監督責任**（民714）　　責任能力を有していない未成年者，心神喪失者の不法行為はその行為者に責任を負わせないが，これらの者を監督すべき法律上の義務ある者は賠償の責任を負い，監督義務がその義務を怠らなかったという証明をすることができなければ責任を免れることができない。幼児が他人を傷つけたような場合に親がその責任を負うのである。

　ロ　**使用者責任**（民715）　　自動車の運転手が事故で他人を傷つけた場合，その運転手の雇主は使用者として責任を負う。その要件として，責任負担者がある事業のために他人を使用する者であって，被用者がその事業を執行するについて他人に損害を加えたということが必要である。被用者（運転手）と使用者（雇主）が並んで，賠償の義務を負うのである。被害を受けた者はこの2人の各人から，別々にでも同時にでも賠償すべきことを請求できる。この場合直接の加害者でない使用者は，この被用者を雇い入れるとき，または，事業の執行をさせるときに相当の注意を払ったのに事故が起こったということの証明ができないかぎり責任を免れることができない。

使用者責任の規定は，企業が多数の従業員を使って事業を営み，利益をあげている以上，他人に損害を与えたときは，賠償の責任を負うものとする思想による。実際上の適用も多く，その責任を免れるための，選任，監督上の過失がなかったという証明が極めて困難であり，容易にその責任を免れえないような運用がされている。それは無過失責任論にみられるような，利益をあげるものに責任を帰せしめるという考え方が働くからである。だから，責任を軽減できる規定があっても，その規定の適用は非常に困難で，その作用としては無過失責任を負わせる働きをしているのである。

さて，被用者の行為が「事業の執行」に当たるかどうかについて具体例で考えてみよう。

通産省の自動車運転手が大臣秘書官を私用で乗車させて運転中に事故を起

こしたとき（最判昭30.12.1），自動車セールスマンが私用での乗車を禁じられているのに帰宅のため自動車を運転して事故を起こしたとき（最判昭39.2.4）など，被用者の主観では事業の執行のために自動車を動かしたものではない場合について，判例は，外形的には（内部の事情に立ち入らずにみるならば），役所の仕事，会社の仕事として車を動かしていることになるから，役所なり会社がその責任を負わなければならないとしている。学者はこの考え方を外形標準説，**外観標準説**といっている。外形からその仕事が事業の執行とみられるかどうかを判断して使用者の責任を定める考え方である。この考え方によって事業の執行についてなされたとみる範囲は相当広く認められてきている。

　ハ　**土地の工作物等の占有者，所有者の責任**（民717）　建物，石垣，道路，橋，造成地，高圧線の周囲の柵などの工作物に設置上または保存に瑕疵があって損害を生じたときは，工作物の占有者または所有者が，その瑕疵に責任がなくとも損害賠償の責任を免れない。企業の施設一般について企業所有者に無過失責任を認める重要な規定である。

　ニ　**動物占有者の責任**（民718）　動物を飼ったり，連れて歩く者は，その動物の種類や性質に応じた注意を払っていた，という証明をしないと動物が他人に与えた損害を賠償する責任を負うこととされる。

　ホ　**共同不法行為**（民719）　数人が共同して不法行為をしたとき，不法行為者を教唆したり幇助したとき，これらの者は連帯して賠償責任を負う。

　教唆者および幇助者は，刑法上はそれぞれの評価に応じた責任を問われるのに対し（刑61・62），民法上は共同不法行為者とみなされること，共同正犯の成立には主観的な共同（共謀）が必要とされる（刑60）のに対し，共同不法行為の成立には，行為の客観的な共同があれば足りるとされること（大判昭10.12.20），共同不法行為に，刑法上の同時犯（刑207）に似た規定のあることなどに注意を要する。

　ヘ　**国家賠償法による賠償責任**　使用者責任の例にあげた役所の運転手による事故は，公務員の職務執行に際する事故としてその使用者である国が賠償責任を負った。その責任は民法第715条によるのであるが，警察官が**デモの鎮圧**に当たって，その権限の行使を誤って他人に損害を与えたときは，

その職務は公権力の行使に当たるので，民法ではなく国家賠償法という特別法によって国家や地方公共団体が賠償責任を負う（同法1）。この法律は憲法第17条が，公務員の不法行為によって損害を受けた者に対し国または地方公共団体が賠償しなければならないとしたことを受けて立法されたものである。旧憲法のもとでは，公権力の行使にもとづく不法行為については民法の規定は適用されず，特別の法律がないと国や地方公共団体が責任を負うことはないと解釈されていたのである。

　国家賠償法の定めは，民法の定めと大体同じだが，民法の使用者責任の規定によって使用者が損害賠償をしたときは，使用者は被用者に求償することができるが，国家賠償法では，国または地方公共団体は，不法行為を行った公務員に重大な過失や故意がない限り求償することはできないものとされている。すなわち警察官のデモ鎮圧で他人に損害を加えたときでも，普通の過失によるときや，故意がないときは，その損害について警察官に対して国家や地方公共団体は求償することができない。それは，不法行為について常に国家や地方公共団体に賠償しなければならないものとすると，公務員は安心して職務の執行ができなくなるからである。しかし，公務員が，故意，過失によって，被害者に直接賠償責任を負うということは，民法の場合と全く同じであることに注意しなければならない。

　ト　**自動車損害賠償保障法による損害賠償**　　自動車損害賠償保障法は「自己のために自動車を運用の用に供する者は，その運行によって他人の生命または身体を害したときは，これによって生じた損害を賠償する責に任ずる。ただし，自己及び運転者が自動車の運行に関し注意を怠らなかったこと，被害者又は運転者以外の第三者に故意又は過失があったこと並びに自動車に構造上の欠陥又は機能の障害がなかったことを証明したときは，この限りでない。」と定める（同法3）。「自己のために自動車を運用の用に供する者」とは，自動車の所有者，タクシー，トラックの業者，修理業者，販売業者などで自動車を盗んでこれを運転している者も含まれる。これらの者は，責任を免れるための要件がただし書にあるように非常に厳格なものであるため，無過失責任に近い責任を負わされている。そしてこの法律は**人身傷害の場合**に

だけ適用されるので，物損事故による損害は民法の規定によることとなる。

自動車の運行供用者の範囲は右のように所有者から自動車泥棒にまで及んでいる。しかし他人に雇われて自動車を運転するものは，他人のために自動車の運転に従事する者で（同法2④），この法律の責任を負うのでなく，民法の不法行為の責任を負うのである。従ってこの法律によって責任を負う者は，自動車の所有者や，自動車の使用を支配したり，その使用から直接の利益を受ける者（保有者）とされ，自動車を無断で使用した者の加害も，その者が自動車の保有者と雇用関係，親族，知人の関係があるときには，保有者が責任を負うものと解釈されている。ただし泥棒である運転者は，自分が運行供用者の責任を負い，保有者は，自動車のキーを抜かずに放置していて盗難にあったような，自動車の保管について過失のあるときにのみ民法上の責任を負い，この法律の責任は負わないと考えられる。

チ **失火の責任** わが国の家屋は木造が多く，いったん火を出すと近隣に延焼する可能性が大きいので，過失によって火を出し他人に損害を与えた場合に常に不法行為の責任を問うことに無理があること，また失火者は自分の財産も失っていること，また昔から失火者には賠償責任を負わせないという慣習があったことなどから，失火については故意または重大な過失のない限り民法第709条を適用しないと定められている（失火ノ責任ニ関スル法律）。しかし，家屋の**賃借人が失火**したときは，不法行為の責任ではなく，貸主との間の賃貸借契約にもとづく，賃借家屋を利用し契約の満了時に貸主に返還する債務に反した，債務不履行の責任として貸主に賠償責任を負うことになる。したがって賃借人に失火の責任に関する法律が適用されるのは家主との関係ではなく，延焼によって他人の財産に損害を与えた場合でかつ重大な過失のあるとき（もちろん故意あるときも）に限られる。

第4章　契約に関連して紛争を生じやすい法律関係

第6　権利の実現と救済

1　権利を侵害された場合の救済手段

(1) 自力救済

　一般私人が権利を侵害されたとき，官憲の力，すなわち公権力による救済をまつ余裕のないときに，自力で救済をはかることを，**自力救済**といっている。自力救済は，後述の正当防衛や緊急避難に似ているが，その違いは，正当防衛や緊急避難は現在の侵害を防いだり回避するものであるのに対して，自力救済は過去に侵害されてしまった権利を守り，あるいは回復する点にある。

　自力救済について判例は，明文の規定がないこと，これを認めると法の救済によらずに自ら実力を行使して法秩序を破り社会の平和を乱す，という理由で原則としてこれを認めない。しかし訴訟制度が完備していても，権利侵害への救済が完全でない場合もあるから，自力救済を全く認めないのは不合理だといわれている。そして，刑法で盗まれた品物を取り戻そうとする被害者に対する暴行・脅迫を**準強盗**として処断することを定めており，このことは，財物を奪われた占有者に自力救済としての盗品取戻権を認めたものと考えられ（刑238），**自助売却権**といって，買主の受領拒否や受領不能のときに売買の目的物を競売して代金を供託し，その責任を免れる売主の権利や，隣地の竹木の根が越境してきたときにこれを切り取ることのできる権利（民233）なども，民法や商法の定めた**特殊の自力救済**の規定だといえる。ただ，一般的に自力救済を認めるような規定がないから，自力救済ということを認めるためには，具体的な事件によって，その要件を慎重に考慮しないと，権利の濫用におちいる危険がある。いったん権利侵害がなされた後には，法秩序はそのような違法な結果も，一応法的な手続による以外はこれを取り除かないこと，すなわち現状の維持，法的安定の秩序を守ることを理想としているのであるから，あえてその結果を取り除いて，もとにもどすことはひとつ

の侵害行為であって，ただその侵害行為には違法性がないとされ，その行為によって損害が発生してもこれを賠償する義務を免れるということが自力救済の本質であるから，このようにして保護される権利の性質，回復の手段，方法などが妥当なもので公序良俗にかなうものかどうか，というようなことが慎重に判断される必要がある。

　たとえば，倒産債務者のところに債権者が押しかけて，財産を管理し処分するという整理の方法が行われることが多い。債務者が同意して財産処分が行われるなら問題はないが，債務者の意思を無視して行われることが多い。このような行為は私的な執行行為で，許されない自力救済の例であろう。債務者の意思を無視して本人不在の間に財産を処分した債権者が，配当した財産だけでは不足するといって手形債権にもとづいて訴を起こしたことに対して，現行法下で許されない自力救済を行った者は，国家による救済を自ら放棄したものであるから，その本来の権利について訴を起こして国家の救済を求めるような権利は失っている，として請求を棄却した判例がある（横浜地川崎支判昭43.10.31）。参考となる事案である。

　(2)　正当防衛・緊急避難

　自力救済が原則として禁ぜられるということは，社会秩序の維持のためには，侵害行為というものは公権力によって法定の手続によってのみ処置されるべきであるという理由からである。しかし自力救済が認められないとすると，かえって一般私人の権利が守られないこととなり法秩序が乱れるという矛盾もある。民法は自力救済を認める一般的な規定はおかなかったけれども，刑法と同じように，**正当防衛**と**緊急避難**を規定して（民720），強盗という不法行為に対して自分または第三者の生命・財産を守るため，犯人に傷害を加えたようなとき（正当防衛），あるいは，他人の飼っている犬が咬みつこうとしたような，急迫の侵害を避けるためにその犬を撲殺するような場合（緊急避難）には，その結果として，犯人の身体に傷害を加え，他人の物（犬）を毀損しても損害賠償の責任を負わないとしている。

　正当防衛は他人の不法行為に対して，緊急避難は他人の物に対しての，それぞれの加害行為が違法性のないものとされるのである。**正当防衛の要件**は

違法な他人の行為のあること，自己または他人の権利を防衛するためであること，やむをえない防衛行為であることである。**緊急避難の要件**は，他人の物から生じた急迫の危険があること，やむをえない防衛行為であることである。緊急避難は「物」から生じた危険であること，その「物」を毀損するという防衛行為であることに，刑法の場合と違った規定になっているけれども，学者は，洪水の危険を避けるために，他人の堤防を決壊させるような場合も，その堤防という「物」をこわされた他人の「権利」に対しても，すなわち物の損害のみならず，他人の権利を侵害したことによる損害をも賠償する責任はないと考えるべきであるとしている。

(3) 訴訟・仲裁・調停・和解

自力救済について，社会生活の秩序を維持するためには，権利をもつ者がその権利を行使し，その権利の行使を妨げ，あるいは権利を侵害するものがあるときに自力でこれを排除することを原則として禁じておくことが望ましい。しかしそのためには，このような場合に公権力の助けを求めうる手段がなければならない。その手段が**訴訟**である。裁判所は権利者からその権利の実現を訴訟という方法で援助してくれという申出があったときに，果たしてその権利があるかないかを判断した上で，その実現に力をかすことになる。この判断と助力の作業を広い意味の裁判といっている。

国家が権利の実現に助力する制度には，裁判のほかに調停制度がある。**調停**は各種の紛争について，国家機関が当事者間を仲介し，互譲によって合意を成立させて紛争を解決する制度であって，民事調停，労働争議調停，土地収用による調停などがある。民事調停は民事の調停と家事の調停に分かれる。

民事調停は裁判所で，調停委員会（裁判官1，調停委員2）が行う。

調停に似たものに仲裁と和解がある。**仲裁**とは，当事者の意思によって，裁判所に代わる私的な機関である仲裁委員会に，私法上の紛争を裁定させることであり，このような手続で争いを解決する約束のことを**仲裁契約**という。仲裁契約は私法上の争いを私的に任意に解決する方法であるが，そのすべてを私人の意思にまかせることなく，国家が手続法の中に規定を置いて権利の実現について後見的な役割を果たしている。

和解は，当事者が互いに譲歩することによって争いをやめることを約束する契約である（民695）。和解が成立すると当事者は和解以前になしえた主張ができなくなる。もし和解で当事者に権利がある，あるいは権利がないと認めると，その後にこれと反対の確証がでてきたときには，和解によってその確証と反対の側に権利が移った，または権利が消滅したものとされる（民696）。なお民法上の和解とは別に**訴訟上の和解**があり，これと区別して民法上の和解を**裁判外の和解**，または訴訟外の和解といっている。訴訟上の和解は，そのことが裁判所の調書に記載されると確定判決と同じ効力をもつことになる（民訴267）。

(4) 示　談

示談という言葉は，警察官の執務の上で最もふれることの多い言葉であろう。多くは**交通事故の示談**であり，暴行，傷害といった暴力犯罪，あるいは詐欺，横領といった財産犯罪の場合にも，加害者と被害者の間で被害の金銭的な弁償を約束する書面として**示談書**が取り交わされる。ところで示談とは法律上はどのようなものであろうか。学者の定義によると，示談は当事者の一方だけがその主張の全部または一部を放棄し，または相手方の主張の全部または一部を認諾する契約で，互譲を内容とする和解とは異なるものであるとされる。その意味は，横領犯人が横領金全額を弁償するという約束をした，この場合，当事者の一方である犯人が相手方である被害者の主張の全部を認諾したものであって，双方の譲り合いがないということである。しかし，示談といわれているものがすべてこのような定義にはあてはまっていないことが多いであろう。自動車の衝突事故で物的被害が発生し，その弁償について加害者が8割を，被害者が2割を負担するといった示談は，もし被害者側が全額の弁償を要求し，加害者は被害者にも過失があるとして差し引き6割の弁償を主張していたものを，双方の互譲によって加害者から8割を弁償することで話がついたという場合であれば，まさにその契約は和解である。示談という用語は世俗的に，あるいは刑事警察上の慣用語として使われているが，和解であれ示談であれ，いずれも契約であるから，その効果は契約の一般的な規定や理論によって定められる。

注意すべきことは契約一般については**錯誤の規定**（民95）が適用されるが，和解については，それがさきに説明した民法第696条の規定から，争いの目的であった事項について錯誤があっても当事者はその取消しを主張できないという点である。甲から甲の丙に対する債権10万円を譲り受けた乙が，丙にその支払いを求めたところ，丙は債務は5万円しか残っていない筈であると争い，和解によってその額を7万円と定めたときに，後に10万円であった確証がでても，和解契約の取消しは主張できない。しかし争いになっていなかった甲丙間の債権譲渡という前提事実そのものが無効であったときには，錯誤によって和解の取消しが主張できるのである。

示談についてその定義は別として，被害を回復するための契約として錯誤が問題となりうる（全治1週間の傷害だということで示談したが，後に重症のむちうち症が判明したとき等。最判昭43.3.15では，交通事故による全損害を把握できない状況のもとで，早急に，小額の賠償金で示談がなされたときは，示談によって被害者が放棄した損害賠償請求は，示談のときに予想していた損害額についてのみと解すべきで，その当時予想できなかった後遺症等については，被害者は，後日その損害の賠償を請求できる，といっている）。警察官が民事に介入しないということは，示談の場合にこそ意味があるといえそうである。不用意な示唆や，あっせんによって，後日，関係当事者の権利の消長に影響のあるような示談に介入してはならない。示談は，刑事手続とは別の，当事者間の私法的な契約であることを忘れてはならない。あたかも示談の有無によって犯罪の成否が決定されるような言動を示して，示談を指導あっせんしたというような非難を受けることのないように心掛けるべきであろう。

(5) 強制執行と保全訴訟

強制執行とは国家の強制力によって民事上の権利を実現する手続である。強制執行を行う機関は執行官または執行裁判所である。強制執行をするためには強制執行のできる債権がなくてはならない。この債権の存在，範囲を表示して，これを実現できるという力を認めた法律上の公文書のことを**債務名義**といっている。たとえば確定判決，公正証書，和解調書，調停調書などで

ある。私人間で作った私成証書や手形などでは訴訟や調停を経ないと，すぐには強制執行をする力はないわけである。

　強制執行の方法は，金銭の支払いを目的とする債権と金銭の支払いを目的としない債権についての執行に分けられる。金銭債権による強制執行は，動産，不動産，船舶に対するそれぞれの強制執行に分かれる。動産は執行官が目的物を差し押えることによって開始される（民執122）が，運搬できないような物は債務者に保有させ，その物に封印したり差押えの告示書を掲示したりする。差し押えた物が金銭ならこれを債権者に引き渡し，金銭以外の物なら換価して債権者に渡す。上記の封印や表示を破ると処罰を受ける（刑96）。

　債権やその他の財産権に対する強制執行は，裁判所の**差押命令**によって，その目的とされる債権等の債務者（第三債務者という。）のところでその債権を差し押える（民執145）。たとえば債務者甲が乙銀行に対して持っている預金があれば乙銀行に対する甲の預金債権を差し押えるのである。そしてその差し押えた債権に対して取立権によって債権者自身が取り立てる方法（民執155）と，**転付命令**というものによってその債権を，たとえば10万円の預金債権をそのまま支払いに代えて，債権者のもつ権利に移してしまう方法（民執159）とがある。

　金銭以外の債権についての強制執行は，たとえば家屋の引渡し，明渡しを請求する権利であれば，執行官が債務者（賃借人や不法占拠者など）の占有を解いて債権者に占有を移すという方法がとられる。

　保全訴訟とは，債権者が債務名義を手に入れてからでは，債務者が財産を処分したり隠してしまって権利の実現が不能になるようなおそれのあるときに，あらかじめ将来の執行を保全するために行われる現状保全を目的とする裁判手続である。保全訴訟には仮差押と仮処分の手続がある。

　仮差押は債権者の申出によって裁判所が，債務者の動産，不動産その他の財産権に対して債務者の権利の行使を禁止する強制処分である。

　仮処分は，たとえば家屋明渡しの訴を提起する前に，裁判中にその家に他人を入居させたりされると，勝訴してもその他人に対して別に明渡しの訴訟が必要とされるような場合に，あらかじめ執行官に家屋の占有を移し，債務

者自身の使用だけを許し，他人に占有を移したり，占有の名義を変えたりしないよう命ずる処分である。このほか労働関係で，従業員が解雇の無効を争うときに，あらかじめ従業員としての地位を解雇前の状態に保ってもらうような仮処分もある。

これらの強制執行，保全執行に際して，債務者の妨害などがあるときは，執行官は警察官の立会または援助を求めることができる（民執6・7）。

2 民事訴訟と刑事訴訟の相違

民事訴訟は私人の間の紛争を解決するための手続である。その性質上，私人が自主的に紛争を解決することが望ましいから，裁判所の訴訟で解決する場合も，できるだけ紛争当事者の自主的な解決に重きをおくことも当然で，民事訴訟では，その基調として**当事者主義**が支配している。当事者主義とは訴訟を進める主導権を当事者がもつことをいい，反対に裁判所が主導権をもつことを**職権主義**という。しかし民事訴訟といえども，裁判所が多くの事件を同時に扱うためには，その進行を当事者にまかせておくわけにはいかないから，訴訟手続が始まった後には，職権主義がその進行を支配することとなり，民事訴訟では，当事者主義と職権主義が調和しているといわれる。また民事訴訟では，申し立てない事項については裁判をしない（民訴246）という**処分権主義**が支配する。処分権主義は，当事者が訴訟の過程で訴訟を処分できるという主義で，広い意味で弁論主義とも呼ばれる。訴えの取下げ（民訴262①），請求の放棄，認諾，和解など，当事者の処分で訴訟が終了する。

刑事訴訟は歴史的には職権主義の訴訟構造から始まっている。裁判所は訴訟を主導し，原告である検察官の申立てで訴訟を始めるけれども，事実の同一性が認められる範囲内では検察官の申立てに拘束されることなく，事実の認定ができる。わが国の刑事訴訟も職権主義を基調にしていたが現行の訴訟法は英米式の当事者主義をとりいれ，当事者の攻撃と防禦を通じて裁判所が心証を形造っていく。このような意味で刑事訴訟は民事訴訟と同じように職権主義と当事者主義が調和しているといえるけれども，刑事訴訟の目的が国家の刑罰権の実現という，民事のような私権の実権と違って，きわめて公共

的，公益的な意味をもっているから，民事訴訟のような処分権主義は認められない。いかに自白があっても，自白には補強証拠を伴わないかぎり被告人を有罪として国家の刑罰権が実現されることはないからである。まして当事者の合意で訴訟を終了させることは認められない。刑事訴訟は被告人が不当に不利益をこうむることを防止すると同時に，真実の発見を重く見ているからである。

3　警察官と証人出廷

裁判所は特別の定めのある場合を除いて，何人でも証人として尋問することができる（民訴190・刑訴143）。警察官も一般の証人として裁判所に出頭しなければならないことは当然であるが，その職務に関連して証言を求められる場合に注意すべきことを述べよう。

民事，刑事の訴訟法は，公務員であった者が職務上知りえた秘密について証言を求められたときに，本人または公務所からその事項が職務上の秘密であると申し立てたときは，監督官庁の承諾がないと証人として尋問することはできないものとし（民訴191・刑訴144），刑事訴訟では，その官庁は国の重大な利益を害する場合を除いては承諾を拒むことはできないと規定している（刑訴144但書）。通常の事件では警察官が事前に職務上の秘密を証言することの承認をえて出廷するようなことはむしろ稀で，証人尋問の途中で，聞かれることが職務上の秘密に属することに及ぶようなことが多い。このような場合には，「そのことは職務上の秘密に属すると思うから，上司に相談してから証言したい」と申し出て，裁判所の処置を待てばよい。秘密を証言してはならないと思って，知らないとか，いつわりや矛盾のある証言をしてはならない。民事訴訟では職務上の秘密に該当するときは証言を拒絶することができることに注意すべきである（民訴197①）。

なお警察官といえども，その証言によって自分または近親者等が刑事訴追を受けまたは有罪判決を受けるおそれのあるときは証言を拒絶できること（刑訴146・147，民訴196）は一般の証人と同じである。

第5章 親　　族

第1　親族の範囲

　親族とは血族と姻族の団体である。**血族**とは，血の続いている間柄の者，**姻族**とは配偶者および婚姻によって生ずる間柄の者である。
　血のつながりである血族は無限に続く。血族は父母，祖父母，曽祖父母と続いていく。姻族も夫と妻の血族の間は無限にひろがってゆく。しかしわれわれの社会生活では，このような無限のつながりで，親族として生活したり，つきあったりすることは不可能であろう。法律も親族というものに法律上の効果を与えるために，この無限のつながりに，ひとつの区切りをつけている。すなわち民法は親族の範囲を，六親等内の血族，配偶者，三親等内の姻族と定めている（民725）。

1　六親等内の血族

　親等というのは，親族のつながりの関係をはかる尺度で，その数字はつながりの遠近を示し，多いほど遠く，少ないほど近い。
　血族というのは血のつながった者同士のことである。血族には2種類あって，自然の血のつながりのある**自然血族**と，血がつながっていなくとも法律で血族とする**法定血族**がある。法定血族は養子と養親およびその血族の間の関係である（民727）。六親等内の血族とは縦につながった関係，すなわち直系血族では子，孫，父母，祖父母，曽祖父母の系列の世代の数を計算する。自分を中心にして数えてみると，父母と子は一親等，祖父母と孫は二親等，

第1　親族の範囲

曽祖父母と曽孫は三親等という計算になる。だから六親等という範囲はずいぶん広いわけで，父母，祖父母，曽祖父母とたどって六親等の直上の血族がどのような人物であったかはっきりわかっている人がどれくらいいるだろうか。こんなに遠くては，血は水よりも濃いなどとはいえない，として三親等か四親等ぐらいで親族を切るべきだという学者もある。

これに対して**傍系血族**といって同じ祖先から分かれた兄弟，いとこ，おじ・おば，おい・めいの間は，いったん共同の祖先（分かれた源）までさかのぼった世代を数え，共同の祖先からもう一方の相手までの世代を数えてその合計数を親等とする。兄弟は共同の祖先である両親まで一親等，両親から兄弟まで一親等，の合計二親等であり，おじ・おばは両親へ，両親からその両親へ，そしておじ・おばへで三親等，おい・めいは両親へ，両親から兄弟姉妹へ，そしてその子であるおい・めいへで三親等ということになり，いとこは四親等になる。

2　配偶者

夫婦は血族でもなく姻族でもない親族である。いわば一身でなく異身の同体である。親等はない。

3　三親等内の姻族

配偶者の一方と他方の血族との間柄を姻族といい，夫からみて妻の父母，兄弟，おじ・おばがそれぞれ，一親等，二親等，三親等の姻族になる。計算は妻から直系はその世代，傍系は共同の祖先へ上って下るという親族の親等計算と同じで，ただ異身同体だから同体の妻から計算を始めることが特別の計算方法といえよう。

夫の父母と妻の父母は相互に姻族ではなく，夫と，妻の姉の夫との相互も同様であり，これらの者は法律上は親族ではない。

4　尊属と卑属

血のつながりが自分の父母と同列以上にある者を**尊属**といい，自分の子と

同列以下にある者を**卑属**という。たとえば，父母や祖父母は直系尊属，おじ・おばは傍系尊属であり，子や孫は直系卑属，おい・めいは傍系卑属である。自分と同列の兄弟姉妹やいとこは尊属でも卑属でもない。

第2 親族関係の発生と消滅

　親族関係の発生する原因は，出生，婚姻，養子縁組の3つで，消滅の原因はこの3つに対応して出生に対しては死亡，婚姻に対しては離婚，婚姻の取消しおよび配偶者の一方の死亡による他方の婚姻関係を終了させる意思表示，養子縁組に対しては離縁である。

1　出生・認知・死亡

　法律上の夫婦関係にある父母から生まれた子（**嫡出子**(ちゃくしゅつし)）は出生によって父母と父母の親族の間に親族として仲間入りする。法律上の夫婦関係にない父母から生まれた子（**嫡出でない子**）は出生によって母の親族の仲間に入る。そして父がその子を**認知**（父が自分の子であると認めること）によって父の親族の仲間に入る。このように，出生または出生と認知によって親族関係が発生するが，死亡によってこの関係は終わる。

2　婚姻・離婚・婚姻の取消し・死亡

　婚姻によって配偶者関係と姻族関係が発生する。親族関係はまず離婚によって終わる（民728①）。民法が定めている**婚姻適齢**（18歳，民731），重婚の禁止（民732），再婚禁止期間（民733），近親婚の制限（民734），直系姻族間の婚姻禁止（民735），養親子間の婚姻禁止（民736）に反して婚姻がされたとき，詐欺，強迫によって婚姻がされたときにはその婚姻の取消しがされる。取消しは将来に向かってのみ効果が発生する（民748①）。したがって普通の法律行為の取消しと違い，婚姻の取消しによって嫡出の子が婚姻外の子になることはない。婚姻の取消しは効果からみて離婚と同じと考えてよい。

　配偶者の死亡は，死亡した者との配偶者関係が終わるだけで，生存する配

偶者の姻族関係は続いている。しかし生存配偶者が，姻族関係を終わらせる意思表示をして（民728②）戸籍上の届出をすると（戸籍法96）姻族関係がなくなる。夫に死に別れた未亡人が婚家に残って，しゅうと・しゅうとめとの姻族関係を続けるかどうかは未亡人の意思によるわけである。

3　普通養子縁組と特別養子縁組

　養子縁組によって**養親**と**養子**の間に法定の嫡出親子の関係（民809），養子と養親の親族の間に法定の血族関係と姻族関係（民727）が発生する。すなわち養子と養親との間に血族関係が生まれるだけでなく，養子と養親から生まれたと同じような地位で養親の親族に仲間入りする。養親の両親とは祖父母と孫の間柄に，養親の子とは兄弟姉妹に，養親の子の妻とは二親等の姻族関係になる。ところが，養子縁組によって養親の親族に仲間入りするのは養子だけで，養子の実の父母と養父母とは親族関係にならない。たとえば養子が連れ子をしていてもその子は養親とは親族関係は生じない。しかし養子縁組をして後に養子が婚姻をし，子が生まれるとその配偶者や子は養親およびその血族と親族関係に入る。この場合に養親となる者については20歳になっていることが要求され（民792），これが成立するためには婚姻の場合と同様に実質的な要件として縁組意思が要求されることになる（民802）。従って親子関係を形成する意思がなく他の目的の手段として出された縁組届は無効となる（民802）。各種の客観的な要件も要求されることになるが（民792以下），中でも15歳未満の者を養子にするについては，その法定代理人が養子の代理人として養親になる者と縁組み契約をすることが必要とされるし（民797），未成年者を養子にするときには家庭裁判所の許可を得ることが要求されることになる（民798）などの点などが重要である。縁組によって養子は養親の親族関係にとりこまれるが，従来の親族関係もそのまま維持される。しかし，養子の親族と養親の親族とは親族関係を生じないこととなる。

　この関係は離縁によって解消する。離縁の際に養子が15歳未満である場合には，養親と離縁後に養子の法定代理人となる者とが協議によって行うことになる（民811②）。

特別養子というのは縁組によって従来の養子の親族関係を切ってしまう制度である（817条の2①）。この場合には養親となる者は夫婦者であることが要求され、25歳になっていることが必要とされる（民817条の3，817条の4。なお、夫婦の一方が25歳になっていれば他方は20歳でもいいこととされる）。養子となる者は6歳未満であることが原則である（民817条の5）。

特別養子は家庭裁判所の審判によって成立し、単なる合意のみでは成立しない（民817条の2①）。特別養子が成立すると従来の親族関係は婚姻制限だけ残してすべて消滅することになり（民817条の9），同時に原則として離縁ができないとされる（民817条の10。なお、養親による養子の虐待など養子の利益を著しく害する事実がある場合などに例外的に離縁が認められることがある場合については同条参照）。

特別養子について，これが養子であることが一見して明らかにならないような工夫がされている（これについては戸籍法20条の3参照）。

なお、実父が実母と離婚しても子と実母の間の親族関係がなくならないのと同じように，養父母が離婚しても養子と養母の間の親族関係は消滅しない。旧民法では養子が「家」に入るという思想であったからこのような場合は養母と養子の親族関係は当然に消滅するものとされていた（旧民730）。

第3　親族間の婚姻禁止

婚姻の取消しで述べたように，取消しの原因の中に，民法は親族間の婚姻の禁止について規定している。

1　血族間の婚姻禁止

直系血族の間では自然血族でも法定血族でも結婚はできない（民734）。法定血族の間ではその血族関係が終わっても結婚できない（民736）。養父と養女は離縁後も結婚できない。

傍系血族の間では自然血族の三親等内の血族，すなわち兄弟姉妹の間，おじ・おばとおい・めいの間などは結婚できない（民734）。いとこ同士は四親

等になるから適用外であり、結婚することができる。

養子と、養親およびその血族の間に生じる血族関係は法定のもので自然血族でないから、法定血族の間で結婚しても優生学や医学上の問題はない。そこで、養子と養親側（民法は**養方**(ようがた)という）の傍系血族の間の結婚は、2人が三親等内であっても許される（民734ただし書）。たとえば養子と養親の実子、養親の兄弟姉妹との結婚は禁止されない。

2　直系姻族間の婚姻禁止

直系姻族の間では結婚できない（民735）。姻族は配偶者の一方と他方の血族との相互の関係であるから、配偶者の間で離婚もなく、結婚の取消しもなくて、夫婦が生きている限りはそのひとりと姻族の間での結婚がなされると当然に重婚（民732、刑184）となるから、そのような結婚はありえないことで、直系姻族間で禁止される結婚とは、配偶者の一方が死亡して、生存配偶者が姻族関係終了の意思表示をしないで（民728②）、姻族関係の続いている場合の結婚である。そして離婚、結婚の取消し、姻族関係終了の意思表示によって姻族関係が終了しても、かつて直系姻族の間柄にあった者は結婚できない。離婚し、結婚を取り消しまたは夫死亡後においても、妻は、かつての夫の父であった者、夫の養父であった者とは結婚できない。後妻であった妻は夫と先妻の間の子とも結婚はできない。しかし、傍系姻族は適用外だから、夫または妻が亡妻または亡夫の兄弟姉妹とは結婚できるわけである。

3　法定血族間の婚姻禁止

養子、その配偶者、直系卑属またはその配偶者と養親またはその直系尊属との間では、離縁の後でも結婚することはできない（民736）。

第4　親族であることの法律的意味

1　刑事法との関係

　刑事法では一定範囲の親族や同居する親族について特別の効果を与えている。

　犯人蔵匿，証拠隠滅の罪について，犯人または逃走者の親族が犯人または逃走者の利益のために犯したときは刑を免除することができ（刑105），窃盗，詐欺，背任，恐喝，横領の罪については，直系血族，配偶者，同居の親族の間で犯したときは刑が免除され，その他の親族によって犯されたときは告訴があってはじめて処罰される（刑244・251・255）。また盗品等に関する罪について直系血族，同居の親族，これらの者の配偶者の間で犯されたときは刑が免除される（刑257）。

　刑事訴訟において，裁判官が被告人または被害者の親族であるときは除斥の原因となり（刑訴20(2)），自己の配偶者，三親等内の血族もしくは二親等内の姻族または自己とこれらの親族関係にあった者が刑事訴追を受け，または有罪判決を受けるおそれのあるときは，証言を拒むことができる（刑訴147）。

2　親族間の義務

　民法上，親族間の義務として重要なものに，一定範囲の親族が**互いに扶養しなければならない義務**（民877以下）がある。

　扶養の義務を負う者は直系血族相互の間および兄弟姉妹相互の間である。その他の親族は当然には扶養の義務を負わないが，家庭裁判所は三親等の親族相互間で，すなわち，おじ・おばとおい・めいの間，しゅうと・しゅうとめと嫁の間，妻の両親と夫との間，継父母と継子の間などで特別の事情のあるときは扶養の義務を負わせることができる（民877②）。

　扶養の義務者が数人あるときは，互いにその義務の履行を逃れようとして

争うことがある。また扶養する程度や方法についても義務者の間でまとまらないことがある。このような場合には家庭裁判所がこれらの事項を定めることになる（民878・879）。

　直系血族および同居の親族は，**互いに扶け合わなければならない**，という民法第730条の規定は親族間で扶け合うべきものであるということを宣言した倫理的な規定であり，扶養義務を認めた規定ではない。

3　親　　権

（1）　親権者となるものは父母または養父母であり未婚の未成年の子が親権に服する（民818）。嫡出でない子の親権者は母であるが，父が認知した後は父母の協議で父を親権者とすることができる（民819④・⑤）。父母が離婚するときは，協議離婚であれば父母の協議でその一方を親権者と定め，協議ができないときは家庭裁判所が定める。裁判上の離婚のときは裁判所が定める（民819①・②・③・⑤）。

（2）　**親権**の内容は，その子を**監護**し**教育**するという広い範囲のものである。民法は主なものとして，子の住居の指定（821），必要な懲戒（822），職業に従事することの許可（823），子の財産の管理，取引行為の代理（824〜832）を定めている。このうち**懲戒権**については「必要な範囲」が刑事上の犯罪とも関連する。満2歳余の病弱児にしつけや矯正のため打擲を加えること（札幌高函館支判昭28.2.18），学校で他人の弁当を盗み食いしたり，教師の金を盗む子を矯正するため，両手を針金でしばり押入れに入れて敷居に釘を打って閉じ込め，用便，食事以外は針金を解かず，十数時間監禁した事案（東京高判昭35.2.13）などについて**懲戒権の濫用**で違法性があるとされている。

（3）　親権は父母が共同行使しなければならない（民818）。しかし父が母の承諾書を勝手に作って子の財産を処分したような場合に，その効力が無効だとすると，その財産を取得した第三者の不利益を招くから，相手方が真実に母の同意があったと信じたような場合には，父母の共同行為として効力を生ずるものと定められている（民825）。

（4）　上の懲戒権の例にあげたような，権利の濫用と認められるときは，子

の親権者または検察官の請求で，家庭裁判所が親権の喪失を宣言することによって，親権はなくなる（民834）。この場合に，子の財産管理が失当だとして，財産の管理権だけを奪うこともできる（民835）。また親権者が家庭裁判所の許可をえて，親権または管理権を辞退することもできる（民837）。さらに，家庭裁判所が2年以内の期間を定めて，親権の喪失よりも軽い処分として親権の停止の審判をとることも認められている（民834の2）。

第5　婚姻の意義と効果

夫婦関係は**婚姻**によって成立する。しかしその夫婦が法律上正当な夫婦と認められるためには，婚姻の実質的な要件と形式的な要件が満たされることが必要である。

1　婚姻の実質的要件

当事者に婚姻の意思があること，婚姻当事者が18歳以上であること（民731），重婚でないこと（民732），女は原則として前夫の死亡または離婚，あるいは婚姻の取消しの日から100日を経過していること（民733），近親婚でないこと（前述）が実質的な要件である。

2　婚姻の形式的要件

戸籍の届出がその形式的要件である（民739）。夫婦関係が成立するための実質的要件がはたして満たされているかどうかを，国家がこれを確認してはじめて法律上の夫婦と認めるのである。外部の人も戸籍簿に記載されていることによってこれを夫婦と認めることができるのである。婚姻をして届出がないと，**内縁関係**となり，生まれた子は嫡出でない子として処遇される。内縁の妻もその子も法律上の地位は不安定なものとして扱われる。

3　婚姻の無効，取消し

ある青年が勝手に全然無関係の娘との婚姻届をして戸籍上の夫婦となった

第5　婚姻の意義と効果

事件があった。このように婚姻の意思のない者の婚姻は，婚姻として無効である（民742(1)）。婚姻の届出のない場合も同様に無効とされているが（同条(2)），厳密には不成立ということになる。

これに対して，その他の実質的要件を欠くようなとき，たとえば年齢が足りないとか，近親婚であるというようなときには，裁判所で婚姻取消しの判決を受けることができる（民743～747）。この場合の取消しは，取引と違って，最初から効力がなくなるのではなく，判決のあったときから将来に向かって夫婦関係がなくなるのである（民748）。詐欺，強迫による結婚の取消しの判決も同様である（民747）。

4　婚姻の効果

婚姻により夫婦は同一の氏を称し（民750），同居し，協力し，扶助し合わなければならない（民752）。夫が正当の理由なく妻の同居を拒んだり，生活費を渡さないときには，妻から家庭裁判所に申し立てて，夫の義務の履行を請求することができる。

夫婦の間の契約は婚姻中はいつでも取消しができる（民754）。この定めの意味は夫婦の間はだまし合いの生活であるというようなことではなく，仮に契約を破っても，それを裁判所の力によって強制執行でこれを実現すべきものではなく，相互の愛情や，習俗というようなもので，その履行が確保されるべきであるという考え方によるのである。

夫婦が，それぞれが婚姻前から持つ財産や婚姻中に取得した財産は各人の固有財産とされるが，婚姻中の費用は夫婦の分担とされ（民760），夫婦いずれの財産か不明のものはその共有と推定される（民762）。

しかし婚姻前に民法の定めるこのような財産関係とは別の財産関係を定めておくこともできる。このような定めを**夫婦財産契約**といって，婚姻の届出までに登記しておかないと夫婦の承継人や第三者に対抗できない（民755・756）。

5 離　婚

　夫婦は双方の同意で戸籍の届出をすることによって**離婚**できる（**協議上の離婚**－民763〜765）。離婚の同意のえられないときは，裁判による離婚が可能である（民770）。この裁判上の離婚の手続は，配偶者に不貞の行為のあったとき，配偶者から悪意で遺棄されたとき，配偶者の生死が3年以上明らかでないとき，配偶者が強度の精神病にかかって回復の見込みのないとき，その他婚姻を継続しがたい重大な事由のあるときに限って裁判所に訴えて離婚することができる（**裁判上の離婚**－民770）。

　なお，離婚の訴を提起する場合には，その前に必ず家庭裁判所に調停の申立をしなければならないことになっている（**調停前置主義**）。この段階で調停が成立すると婚姻は解消するが（**調停離婚**），調停不成立のときは裁判によることとなる。しかしこの場合でも，裁判所が相当と認めるときは離婚の審判をすることができる（**審判離婚**）。

　離婚の効果として復氏・復籍がある。婚姻によって氏を変更した者は離婚によって婚姻戸籍から除籍され，従来の戸籍に復籍するのが原則である。当然のことながら氏も従来の戸籍上の氏に戻ることになる（民767①）。しかしながら，離婚届の提出と同時または離婚の日から3か月以内に戸籍の届け出をすることによって婚姻中に使っていた氏をそのまま使うことができることとされる（同条②）。

第6章　相　　続

第1　相続の意義

　相続とは人の死亡によって，その人の法律上の地位を，相続人という特定の人に承継させることをいう。人が死亡した瞬間から，その相続人が，死んだ人がもっていた権利や義務の一切を引き継ぐのである。人が失踪宣告を受けたときも死亡したものとみなされるから（民30・31），人の自然死と同じように相続が開始する。

　相続は，人の死亡によって，その瞬間から死亡した人の法律上の地位がそのまま相続人に移るのであるから，その相続人の範囲が問題となる。民法は配偶者，直系血族，兄弟姉妹にその範囲を限っている。

　そして相続によって引き継がれる権利義務のうち，その財産の引継ぎということが，私有財産制度のもとでは大切なことであり，民法は，人が自分の好む者に，すなわち相続権のない人にもその財産を死後に譲ることを許し，あるいは相続権のある者の間でも，ある者により多くの財産を残すことを許している。**遺言**の自由を認めたのであるが，このことによって法律が定めた相続権のある者の相続できる財産がゼロとなることは相続人の間の不平等をきたし，法律で相続人の範囲を定めた意味もなくなるから，**遺留分**というものを定めて遺言で処分できる財産を制限している。

1　相　続　権

　相続はまず相続人の意思に関係なく始まる。被相続人が相続人の知らない

時,場所で死亡しても,その瞬間から相続は始まるのである。相続人として被相続人の財産や債務を法律上当然に引き継ぐという地位にたつのであるが,この地位につくことは義務ではなくて,**相続の放棄**によってこのような地位につくことを拒むことができる(民939)。そして相続を放棄せずに,これを承認することによって相続人として権利義務を承継することになる。このような相続人の地位を**相続権**というが,相続権は,相続の開始する前と,後に分けて考えると,相続開始前は後に述べる相続欠格とか廃除によって奪われなければ,相続開始のときに確実な権利になるという性格のものであるといえる。いわば不安定な期待的な権利であると考えられる。

2 相続能力

相続人となれる資格を**相続能力**という。相続能力は自然人だけがもっており,自然人は出生によって権利能力を取得する(民3①)から,相続の始まるときに相続人として生存していなければならないはずであるが,民法は例外として胎児は「相続については,既に生れたものとみなす。」と規定し,胎児に相続能力を与えている。胎児は相続が開始すると相続するのであるが,死体で生まれてきたときはこの規定は適用されない(民886)。

3 相続欠格

相続権のある者が,被相続人や,自分と同順位または先順位にある他の相続人を殺したり,または殺そうとしたために刑に処せられたとき(民891(1)),遺言書を偽造したとき(同条(5))など相続の制度に反し,公平の観念に背くような非行のあった者は,相続を禁じられる。これを**相続欠格**という。右の殺人,殺人未遂によって刑に処せられた者,被相続人が殺されたことを知って,これを告発または告訴しなかった者(同条(2)),(ただし,是非善悪の区別のできない者や,犯人が自分の配偶者か直系血族である場合を除く),詐欺強迫によって被相続人の遺言の作成,取消し,変更を妨げた者(同条(3)),詐欺強迫によって,被相続人に遺言の作成,取消し,変更をさせた者(同条(4))などが相続の欠格者である。

第1　相続の意義

4　廃　　除

　遺留分をもっている推定相続人が被相続人を虐待したり，侮辱したり，その他著しい非行があったときは，家庭裁判所の審判をえて廃除することができる（民892）。**推定相続人**というのは，被相続人が死亡したときにすぐに相続すべき相続人である。**廃除**は，被相続人にとって好ましくない相続人に対してその相続権を否定する制度であるが，被相続人が単に好まないというように被相続人の意思だけにまかせるべきではないから，特別の非行のあったときに限って家庭裁判所の審判によってこれを認めることとされる。例えば，被相続人に対する重大な侮辱を加えたり，虐待をしたりしたような場合や著しい非行がなされた場合になされる。もし被相続人が遺言で廃除したときは，被相続人に死亡後に，遺言執行者が審判を求めることになる（民893）。

5　遺　　言

　人は「自分の死後，この家を甲に与える。」というような意思表示をして，その死後に意思表示の効力を発生させることができる。あるいは，「自分の死後，あの子供を認知する。」といって妾腹の子を認知することもできる。このように，自分の死後に財産の処分やある種類の身分上の行為の効果の発生を希望してされる意思表示のことを**遺言**といっている。身分上の行為としては認知（民781②）のほか，相続人の廃除（民892），後見人または後見監督人の指定（民839・848），相続分の指定（民902），遺産分割の方法の指定（民908）など法律に定めた事項に限られている。

　遺言は満15歳に達すればできる（民961）。未成年者は普通の財産取引と違って，遺言による財産処分は単独でできる（民962）。このような，遺言という行為をするのに必要な能力を**遺言能力**というが，遺言能力を認められるのは物事の判断力，すなわち意思能力が必要であり，15歳を超えていても意思能力のない者には遺言能力はない（精神錯乱者など）。また正常な者でも死期が近づいて判断力を失うと遺言能力はなくなるのである。

　遺言は，本人が死んでから効力を生じ，遺言の内容をめぐって深刻な争い

が生ずることが多く，そうかといってその内容の解釈を死者にたしかめる方法もない。そこで民法は，遺言について厳格な方式を定めている。その方式として普通方式と特別方式に分け，普通方式には**自筆証書遺言**（自分で全文，日付，氏名を書いて捺印する－民968），**公正証書遺言**（公証人の立会で公正証書として作る－民969），**秘密証書遺言**（全文を本人が書かなくともよいが，署名捺印は本人の手でなし，封をして公証人および2人以上の証人の前に提出して自分の遺言であることと，書いた者の住所氏名を述べた上，公証人がこれを公証する－民970）の3つがある。

　自筆証書遺言の場合には，その全文を手書きするということが従来は要求されていたが，平成30年の改正によって遺言本文は従来どおり手書きが要求されるが，これに添付される別表など遺贈物件目録のようなものは印刷したものでよいことになった（民968②）。

　特別方式には病気や危難のために死期の迫った人がする遺言がある。証人3人以上が立会い，1人に口述してこれを筆記させ，他の証人に読み聞かせ各証人が正確に筆記されていることを認めて署名・捺印する。更に遺言の日から20日以内に証人の1人または利害関係人から家庭裁判所に請求して確認を受けなければならない（民976④）。このほか，伝染病で隔離された者，乗船中の者，船舶遭難者などについても特別の遺言方式が定められている（民977〜979）。

　自筆証書遺言については，公的機関である法務局が預り保管する制度が設けられた（遺言保管法）。

　遺言は効力の発生前なら自由に撤回できるし（民1022），内容の抵触する遺言があれば抵触する部分は後の遺言で前の遺言を取り消したものとみなされる（民1023）。そこで一旦は遺言を作成しても新たにそれと内容の異った遺言を書けば前の遺言は効力を失うことになる。この効力は自筆証書遺言でも秘密証書遺言でも公正証書遺言でも価値的には同一であるから前に作成されている公正証書遺言をこれより後に作成される自筆証書遺言で撤回することも可能である。

第2 相続分

遺産の相続は，被相続人の配偶者と子（子が相続開始前に死亡したとき，または相続欠格者，廃除者のときは，それらの者の子）が第1順位，直系尊属と配偶者が第2順位，兄弟姉妹と配偶者が第3順位，という組合わせで相続人になる。

配偶者は常に相続人である（民887〜890）。順位として第1から第3まであることになるが，配偶者を除いて，第2順位以下の組合わせの者は第1順位の者がある限り相続人とはならないし，第3順位の者は第2順位の者が相続する限り相続人とはならない。

この順位に応じて相続の割合，すなわち**相続分**が定められている。

1　法定相続分と配偶者居住権

第1順位では，子は2分の1，配偶者は2分の1である（民900(1)）。多数の子があれば2分の1を均等に分けるのであり，配偶者がないときは子が遺産のすべてを均分する。

第2順位では，配偶者3分の2，直系尊属3分の1である（同(2)・(4)）。

第3順位では，配偶者4分の3，兄弟姉妹4分の1である（同(3)・(4)）。

なお第1順位の子には養子に行った子，嫁に行った娘が含まれる。相続が開始される以前に死亡した子に代わって相続する子を**代襲相続人**という。

配偶者の死亡に伴い相続が開始し，相続財産については遺産分割の手続を経て各相続に人に分割帰属することとなる。しかし，たとえば夫とともに居住していた妻の場合，被相続財産としては居住家屋以外に多くのものがないというような場合であれば，多くの場合には生存配偶者は，遺産分割によって結局は居住家屋を手放さざるを得なくなり，居住の権利を失うことにもなりかねない。

そこで，平成30年改正法においては，被相続人と同居していた配偶者について，①配偶者の長期居住権（民1028以下，施行日未定）と，②配偶者の短期

居住権（民1037以下，施行日未定）を認めた。前者は，基本的には原則として生存配偶者が生存している間，無償でということにされている（民1030）。これが認められるのは，遺産分割によって配偶者居住権が取得される場合と配偶者居住権が遺贈の対象とされて取得された場合との2つである（民1028①）。それと同時に家庭裁判所が審判によってこれを認める場合とがある（民1029条）。短期居住権は遺産分割によって当該建物の所有権が確定した日又は相続開始の日から6か月が経過する日の遅い時点まで無償で当然に取得できるものとされている（民1037①(1)）。

2 指定相続分

相続人の遺留分（後述）を害しない限り，被相続人は，遺言で共同相続人の全部または一部の者の相続分を定めることができる。たとえば，妻に半分，残りを子供全部に平等に，または長男，次男，長女の順に3，2，1の割合に与える，という定め方ができる。このように定めた相続分を指定相続分といっている。

3 特別受益者の相続分

長女が嫁に行ったときに持参金として財産の贈与を受けたとき，長男が独立資本として土地を与えられたときのように，被相続人から生前に，または遺贈（遺言によって遺産を無償で与えること）によって特別に財産を分与されたようなときは，これらの財産を相続分に加えないと不公平になるから，相続分に含めて計算する（民903・904）。しかし，民法は，「遺贈，婚姻，養子縁組のため，または生計の資本としての贈与」と限定しており，ある相続人が多くの小遣をもらったとか，酒好きで酒屋の払いを他の子供より多く払ってもらったというような場合を，相続分に算入するようなことを規定していない。このようなものを計算すると大変面倒なことになるからであろう。しかし，義務教育ではなく専門教育，大学教育を受けるための学資を出してもらった場合は，「生計の資本」として贈与を受けたことに当たると解釈されている。

第 2　相続分

4　寄与分制度【「相続人による寄与」と「相続人以外の者の寄与」】

　いわゆる法定相続分については民法の規定が定めるところであるが，これに関連していわゆる寄与分の問題がある。まず相続人による寄与についてであるが，相続人の中に被相続人の事業に対する労務の提供又は財産上の給付，被相続人の療養看護，その他の方法によって相続財産の維持や増加について特別の寄与をした者がある場合には，これによる相続財産の増加部分あるいは本来これがなければ減ってしまっているはずのものが減らなくてすんでいる部分を寄与分として当該寄与者に与え，残りの部分を相続財産として相続人全体で分けることになるという制度がある。つまり，特別の寄与によるものは本来の相続財産とはならないから相続財産を決めるにあたって，まず現実に残されている財産から寄与分を引いた残りを相続財産として分配するということになる仕組みとなる。これについて注意するところは保護を受けるべき寄与は単純な寄与では足らず，「特別の寄与」でなければならないことと，この寄与分を主張することができるのは相続人に限定されるということである（民904条の2①）。

　この寄与分制度は，昭和55年の相続法の改正により認められた制度であるが，この寄与者となり得るのは多く配偶者ということになり，実質的には生存配偶者を保護することを考えた制度であるということができよう。

　昭和55年の相続法改正に際して相続人以外の者についての寄与分を認めてもいいではないかという議論がされたが，その際にはこの主張は採用されることはなかった。ところが平成30年の相続法改正にともない，相続人以外の親族についてもこれと同様の制度としての寄与分（寄与料）が認められることとなった（民1050）。すなわち，典型的には夫に先立たれ，残された配偶者（生存配偶者）について，亡夫の父に対する特別の寄与が認められる場合には，その妻については当該義理の父についての相続に際して寄与分が認められることになるような場合が典型的である。この場合には夫が生存していれば，配偶者である妻の寄与は夫の寄与として評価されることになるというのが従来の寄与分制度についていわれたところであるが，夫が死亡しているよ

うな場合についてはこれがいえないことから，今回の相続法の改正によって，相続人以外の親族者について，新たな制度によって保護をうけることができることになる。もっとも，この相続人以外の親族者に認められる寄与料の権利行使期間が特別寄与者が相続の開始及び相続人を知った時から6か月を経過したとき，又は相続開始の時から1年を経過するまでの期間に限定されることに注意を要する（民1050②ただし書）。

5 遺留分

相続人に保証される最小限の相続分のことを**遺留分**という。そしてこのような権利の保証される者を**遺留分権利者**という。

遺留分権利者は，配偶者，直系卑属，直系尊属で，兄弟姉妹には遺留分はない。

遺留分の割合は，直系卑属と配偶者，直系卑属だけ，直系尊属と配偶者，兄弟姉妹と配偶者，または配偶者だけが相続人であるときは，2分の1で，直系尊属だけが相続人となるときだけが3分の1である（民1042）。

この計算方法を示すと，妻と子2人が相続人であるとき，相続財産が合計3,000万円とすると，その2分の1の1,500万円が遺留分で，これを妻と子の相続分に割り振って，妻は2分の1の750万円，子は4分の1ずつの375万円ずつがそれぞれの遺留分となるのである。

民法は右の遺留分を計算する基礎とした相続財産の額の定め方を規定し，相続開始前1年間にした贈与の価額を，相続開始の時に持っていた財産に加えた上，そこから債務を差し引いたものを基礎とするといっている（民1043・1044）。だから死亡前1年間に甲に贈与した金が1,000万円ならこれを死亡時の財産3,000万円に加え，更に借金が500万円あればこれを差し引いた残額3,500万円を基本として先の計算をするのである。そしてもし遺留分権利者から右の贈与が遺留分を侵害するとしてその1,000万円を取り戻そうとするなら，甲に対して贈与の効力を失わせ，侵害を受けた金額の取り返しを主張できる。これを**遺留分侵害額請求権**という（民1046以下）。しかし死者，すなわち夫や親の生前に表示した意思を尊重して何の請求もしないのなら贈与の

効力は失われないのである。

第3　借金と相続

　相続人に移る財産は，すべてプラスの財産とは限らず，借金のような消極財産も含まれる。借金も財産としてその負担は相続分によって定まるのである。プラスの財産については，遺産分割という方法で，不動産は兄に，現金は弟にというような分配ができるが（民906），借金を長男がひとりで負担するときめても，債権者の方は承知せず，兄弟全員に請求してくるし，そのときに内部的な分担の約束を主張しても通らない。まして，親の残したものが債務超過でプラスの財産を処分して借金を返しても，まだ借金が残るときは，相続人はきわめて不利な立場に立たされる。そこで民法は，限定承認（限定相続）という方法を認めた（民922）。

1　限定承認

　限定承認は上の例でいうと，親の遺産を処分して借金は返すが，返し切れなくとも責任は負わない，もし借金を返してプラスが残るならそのプラスだけ相続するという方法である。この方法をとるには，被相続人の死亡を知ったときから3か月以内に家庭裁判所に，遺産の財産目録を作って申出をすればよい（民915・924）。申出前に財産を処分したり，隠したりすると通常の相続をしたものとみなされる（民921）。そして相続人が多数なら全員がこの限定承認を承知しないと，一部の者だけでは限定承認をすることはできない（民923）。

　限定承認をすると，債権者は家庭裁判所に申し出て，遺産を換価してもらって分配を受けることとなる（民925〜935）。共同相続人の全部で限定承認した後に，その一部の者が遺産を隠したり処分すると，その者は単純承認したものとされて，その者の相続分の割合で遺産の換価で返し切れない借金の責任を負うことになる（民927）。

2　財産分離

相続人が単純承認をしたときに，債権者から請求して相続財産を独立分離のままで清算することを**財産分離**という。これは，亡父の財産はプラスで相続した子の財産がマイナスだと単純承認で混合して亡父の債権者は不利になるし，逆に亡父の財産がマイナスで子の財産がプラスなら，単純承認で子の債権者が不利になるから，これらの債権者の保護をはかる制度である（民950）。

3　相続の放棄

相続の放棄とは相続人が自分の相続については，はじめから相続人とならなかったという効果の発生を願ってする意思表示である（民939）。

相続の放棄は意思表示であるが，相続の承認と同様，家庭裁判所へ申述という方式によってされる必要がある（民938）。その申述が受理されてはじめて放棄の効果が発生する。しかし，実際には，事実上の放棄ということが行われており，長男に不動産（農地や建物）を集中させることが行われている。すなわち，長男以外の相続人も形式上は相続財産のすべてを共同相続した形になっているが，不動産を長男に集中させ，登記には相続人の間で**相続財産の分割協議**がされたという形式をふんでいるが，実際には他の相続人は何らの財産も相続しないという方法で，この方法は農家に多いといわれている。このようなことが行われるのは，民法の新しい相続制度を知らなかったり，また相続の税金などの関係によるといわれている。長男が正式にひとりで相続したことになると相続税が高額になるということを避けるためであるというのである。

相続の放棄は，相続人とならなかったという効果を発生するから，放棄した者は相続については利益も不利益も受けない。放棄した者は相続人でなくなるから他の相続人の相続分が増加することになる。配偶者と2人の子が相続人であったときに，1人の子が放棄すると，放棄者は相続人でなかったことになり配偶者の2分の1，1人の子2分の1という相続分になり，2人の

第3　借金と相続

子が相続する場合の4分の1よりも子の相続分は倍になるのである。この相続の放棄は，相続人が自己のために相続の開始があったことを知った時点から3ヶ月以内にしなければならない（民915）。

第7章　民事事件と警察官

　この本で6つの章に分けて民事法の基本知識を説明した。民事法の特色にはじまり，所有権（物の得喪），契約，契約に関連して紛争を生じやすい法律関係（所有権主張の限界，借地借家，理由なき利得，損害賠償，権利の実現と救済），親族，相続に及んだ。最後にあたって，もう一度，これらの説明をとりまとめ，民事事件と刑事事件の関係，民事・刑事の交錯する事件とその処理について述べる。

第1　民事事件と刑事事件

　民事法の基本原理として，私有財産制度の保障，契約自由の原則，公共の福祉・信義誠実の原則，権利濫用の禁止の4つをあげた。これらの原則にそむいた行為は禁止され，違反行為の結果については国家はこれを保護しない。たとえば盗人が他人の物を窃取してもその所有権は取得しえない（第2章，第6，5）のは，私有財産の保障の原則に由来する。しかし，これらの諸原則も公共の福祉のためにいろいろ修正を受ける結果，大企業の合併というような，本来は企業の自由な契約に委ねられるべきことでも，取引分野の独占による弊害を防止しようとする独禁法の立場からの制約が私的自治，契約自由の原則の修正として問題とされる。

　このように民事法の諸原則とその修正原則が私的な取引の秩序を維持することに対して，刑事法はその秩序違反のうち，反道徳的な行為について刑罰を加えることによって私的取引の最終的な保障という作用を果たしている。

　公法と私法，刑事法と民事法は車の両輪の関係にある。刑法の解釈に当た

っては両輪の関係にある民法の解釈が必要なことはいうまでもない。その例として，放火罪における建物の所有権，親族相盗の例における外国人の親等，権利行使と強盗罪等にふれたが，刑事事件と民事事件の関連について，具体的な事例をとらえてもう少し考えてみよう。

1　権利の行使と犯罪

　甲は乙から家屋を借り受けていたが乙から明渡しを求められた。しかし家賃は継続して支払っており，出稼ぎに行くため隣人に留守中の見張りを頼んで，その家屋の出入口を釘付けにして働きに出た。そして月に3回くらいは帰ってきて寝泊りしていたところ，乙は家屋の明渡しを求めるためと称して，甲の承諾なく戸締りを破って甲の荷物を搬出した。このような事案では仮に賃貸借契約が終了したとしても，甲は自らその家屋を管守しているのであるから，乙の行為は，管守する他人の家に故なく入ったことになり住居侵入罪が成立する（最判昭27.12.23）。この事案では民法上，賃貸借契約が終了したか，終了したとみられる場合に甲がその家屋に荷物を置き，戸締りしているという行為は，民事上は正当な権限にもとづく行為といえるか，仮に民事上正当な権限にもとづかない占有であっても，家主乙はその家屋の所有者として不法占拠者としての甲の占有を排除するために，自力救済に訴えることができるか等の問題がある。権利行使が犯罪になるかどうかは，このように，まず民事法上の権利が認められるかどうか，とくに権利が認められてそのつぎに，その権利行使が犯罪になるかどうかが問題とされるのである。

2　債務不履行と犯罪

　一般に契約を履行しないことがただちには犯罪となるわけではない。しかし，債務不履行も場合によっては犯罪となる。たとえば，他人の事務の処理を委任された者がその任務にそむいて自分の利益を図り委任者に損害を与えると，民法上は委任契約上の債務不履行でありまた不法行為でもあるが，刑法上も背任罪の責任を問われる。

　甲が乙から金を借りて自己の不動産に抵当権を設定したが，登記がすまな

い間に丙のために根抵当権を設定して登記をした場合を考えると，刑法上は最初の抵当権者である乙に対して背任罪が成立する。甲と乙の間には抵当権設定の契約があり，これを履行しなかったこと，更に丙に根抵当権の設定登記をしたことは，民法上は債務不履行と不法行為の責任を負うこととなり，同時にその行為は刑法上の背任罪となる。背任罪は他人の事務を処理する者がその主体となるのであるが，上の事案では債務者乙は債権者甲との契約で，抵当権設定登記に協力する義務を負っており，その協力義務が他人の事務処理にあたるのである。

　民法上の単なる債務不履行が，刑法上の犯罪になるかどうかはきわめてむずかしい問題である。他人から金を借りて返さないときは債務不履行であるが，それが直ちに詐欺や背任になるわけではない。上の事例で背任の責任を問われる債務不履行は，抵当権の設定登記に協力することが，債務者自身のみのためにする事務処理でなく，債権者のためにするということが強く期待されている場合だと考えられる。借金を返すという場合に比べると，借金は多くの場合返済されることを期待されるが，社会通念上は返済できなくなることもあると考えられるのに対して，金を借りてその担保権を設定するために登記に協力するということは，必ず履行されるという強い期待がよせられており，社会通念上からも，第三者のための担保に供するようなことはあってはならないことが当然期待されている。このように考えると，民法上の債務不履行の考え方も，これを刑法上の責任と関連させて考えるときは，民事法上は債務不履行として一律に民事責任が定められていても，その行為は刑法上は道徳的倫理的な分析によって更に細分された上で評価されるということを知る必要がある。

　詐欺罪と債務不履行の関係についても同様のことがいえるであろう。

　甲は乙から借金するに当たって，返済するつもりであったし，また返済の能力もあったが，弁済期に返済の資力がなくなったために金を返せなかったと主張する場合は単なる債務不履行で，甲に対して詐欺の責任を問うことは無理であろう。しかし，民法上の金銭消費貸借契約は，同種同等同量の物を返す約束と金銭の交付で有効に成立し，ただ，詐欺によって法律行為の要素

に錯誤のあるということで，取り消すことのできるものとなる場合がある（第3章，第3，1参照）。借金の用途の不実告知を例にとって考えてみよう。甲は結婚するという事実がないのに結婚費用として乙から金を借りこれを返さなかった場合に，法律行為の要素に錯誤がなく，また返済の意思があったとしても，乙にとって結婚という事実がなければ金を貸さなかったという因果関係が認められれば詐欺罪が成立するとされる。これは民法上の法律行為の要素に錯誤がない場合でも刑法上は犯罪が成立するという例である。

このほか，売買契約について品質，効用，価格を偽る場合など，それが錯誤にまで至らなくとも，違法性ありとされる欺罔手段のある場合に詐欺罪が成立するとされる。このような場合は売買契約の履行としては品物を引き渡すという履行行為はあってもなお刑法上は詐欺の責任を問われるのであるから，債務不履行のないときには犯罪は成立しないというように民事法上の判断で刑事責任を割り切ることができないことに注意しなければならない。詐欺罪においては，品物を受け取り，代金を受け取ったため，被害者に財産上の損害のないときも犯罪が成立する場合があるからである。

3 不法原因給付と犯罪

賭博に負けた者が金を払うという約束は公序良俗に反し無効であるが，そのような無効な約束にもとづいて金を払ったとしてもこれを不当利得として取り戻すことはできない。すなわち不当利得の例外として，不法原因給付による利得は取り戻すことはできないということを学んだ。民事上は不法原因給付であって被害者からその給付を取り戻せないときでも刑事上の犯罪が成立することがある。甲が乙に欺されて，紙幣を偽造するための資金であるとして金を騙取された場合，その給付が紙幣の偽造という不法の原因にもとづくものとして甲の返還請求権は民事上否定されても，乙は違法な行為によって甲の財産権を侵したものとして詐欺罪の責任を問われる。民事上の返還請求権が認められないということは，決して詐欺によって利得した者に財産取得の権利を認めたものではなく，取得の経過に法律が許すべからざるものがあればその取得者に対しては刑事上の責任を追及することが当然と考えられ

るからである。

4 即時取得と犯罪

　民法上の即時取得は盗品譲受け等の罪との関係で種々の問題がある。窃盗犯人が窃取した財物を他人に譲渡すれば、被害者にとってその物を追求する権利の行使が困難となる。刑法は被害者の追求権を保護する作用を盗品等に関する罪の目的のひとつとしているのであるが、その盗品が善意の第三者に譲渡され、第三者が即時取得すると、原則として盗品としての性格が失われることになる。原則としてということは、民法第193条の盗品・遺失物の特則に該当する場合を除いて、即時取得の成立したときに盗品としての性格が失われるということである。

　また即時取得は動産について認められる制度であるが、船舶、自動車、建設機械など登記や登録が所有権移転の対抗要件となっている動産は即時取得の対象とならないというのが通説・判例であるが、登録を必要とする自動車について即時取得を認めた判例がある。売主甲会社から中古自動車を買った乙は自己名義に登録をすませて引渡しを受けたが、後にその自動車が盗品であると判明した事案である。判決は、乙の占有取得は無過失であるから即時取得で所有権を取得するとした（東京地判昭31.4.28）。また甲会社が乙に代金の完済までは所有権を留保して自動車を売り渡し、名義は乙に登録した。第三者丙は乙からその自動車を売渡担保として受け取り、名義変更に必要な委任状、印鑑証明書等を受け取ったという事案について、自動車の登録が乙に移っている以上、甲は善意の第三者に所有権の取得をもって対抗できないから、善意でこの自動車を買い取った丙は所有権を取得するか、少なくとも即時取得する。しかし丙もこの自動車の登録名義を自分に移していなければ、甲に対抗することはできないという判例がある（東京高判昭31.1.2）。判例の考え方は、登録のある自動車も即時取得の対象にはなるが、前の持主の名義の登録があって取得者名義に登録を移すことによってはじめて所有権取得の主張ができるというのであって、登録名義人でない者から譲り受けるときは、その登録を調べればすぐに名義が違うことがわかったはずだから、その点の

過失があったり，また事実上，そのような場合は名義替えができないわけで名義人や所有者に対抗することはできないこととなり，即時取得の対象となるといっても事実上は即時取得の効果が生じないこととなって，即時取得を認めない通説と同じような結果になる（総合判例研究叢書，民法(6)，鈴木禄弥72頁）。もっとも最近では登録済自動車についての即時取得を認めることはできないとする最高裁判所の判断が示されているところから（最判昭62.4.24），実務的にはこれに従うべきであろう。いずれにしても，登録・登記の制度のある動産の即時取得についての刑法上の盗品としての性質の判断については，一般の即時取得と違った判断が必要だということになる。

5　民事訴訟手続と犯罪

　民事訴訟手続，強制執行手続を利用する犯罪として，裁判所や執行官を欺罔して財物を騙取する詐欺罪がある。騙取した借用証書を利用して民事訴訟を提起し，弁済期の到来しない債務の請求訴訟を提起し，消滅した権利にもとづく訴訟を提起するなどの場合である。

　この種の犯罪については，原告として訴を提起した者に真実の債権があるか，弁済期が未到来であるか，権利が消滅しているかなど，まず民事法上の権利の存否についての判断が必要であり，権利の不存在が確定されてから行為者（原告）が，その不存在を知りながら裁判所や執行官を欺罔して訴訟や執行手続によって利得しようとしたという犯意の立証が必要となる。

　このように民事事件と刑事事件が交錯する事例は多数であり，常に的確な民事法の知識にもとづいた事件処理が必要とされるのである。

第2　民刑事の交錯する事件の処理（告訴・告発）

　第一に民事法の基本的な理解が必要である。民刑事の交錯する事案について告訴や告発を受けたときは，告訴や告発は，刑事上の手続であって，犯罪事実を申告し犯罪者の訴追を目的とするものであるから，告訴や告発が，民事上の被害弁償を求めるにすぎないものかどうか，その真意も明らかにする

必要がある。そのために告訴・告発の事実を整理して，真に刑事事件としての実体をもつものかどうかを判断する必要がある。そして，刑事事件が絡んでいることが判明すれば，さきに述べたような，民事法の的確な分析を行い，その結果が刑事事件の成否にどう影響するかを慎重に検討する必要がある。

　この種の事件は，刑事上の告訴・告発とは別に，民事訴訟の手続が進められていることが多いが，刑事事件の処理を民事訴訟の進行にあわせるような，誤った配慮をなすべきではない。刑事事件の処理は原則として独自の立場で進めるべきであり，民事訴訟の係属を口実にして捜査を怠っている，あるいは被告訴人や被告発人に有利のために捜査を怠っているなどの非難を受けないように注意しなければならない。そして，とくに，警察は民事に弱いために，民事事件が絡んでいると捜査をしないなどという非難を受けないように，民事事件の実体を窮めうるような知識を磨いておくことが必要である。

　最後に，この種の事件処理に問題となる，押収物件の処理についての注意を述べておこう。その処理は事件が直接民事に関係しなくとも，押収物件の処理自体が民事上の知識なくしてはこれを適正に処理できないことを銘記してほしいのである。

　刑事訴訟法は押収した盗品等で留置の必要のない物は被害者に還付すべきことが明らかなときに限り，事件の終結前に被害者に還付すべきことを定めている（刑訴124・222）。被害者に還付すべきことが明らかとは，被害者が押収物の引渡しを請求できる権利をもっていることが明らかな場合という意味であり，物を押収された者が，その物に関して被害者に対抗できるような権利をもっていないことが明らかなときである。被害者の引渡請求権の存否は，さきに述べた即時取得の要件，盗品・遺失物についての特則など，民法第192条以下の条文が重要な意味を持っており，その解釈を誤るようなことがあってはならない。とくに「協議返還」という手続によって，質屋，古物商など警察行政の管掌する業者を交えて押収物件を処理するときに，当事者の協議に委ねて，被害者を含めた事件関係者の権利を不当に侵害するような安易な処分がなされないよう，特段の注意が必要である。

事項索引

あ

悪意占有……………………14

い

遺言……………………90, 92
遺言能力…………………92
意思能力………………16, 26
意思の欠缺………………34
意思表示…………………34
遺失物……………………20
遺留分…………………90, 97
遺留分権利者……………97
遺留分侵害額請求権……97
姻族………………………79

え

営利法人…………………28

か

外観標準説………………68
解除………………………41
界標・囲障設置権………46
加工………………………21
過失ある占有……………14
過失責任の原則………5, 65
過失相殺…………………66
過失なき占有……………14
可分物……………………11
仮差押……………………76
仮処分……………………76
監護………………………86
還付の請求………………58

き

求償………………………55
教育………………………86
境界線付近の建築および構築物‥47
協議上の離婚……………89
強行規定…………………42
強行法規…………………42
強制執行…………………75
供託………………………58
共同不法行為……………68
強迫による意思表示……39
虚偽表示…………………35
緊急避難…………………72
　——の要件………………73

事項索引

け

警察官と証人出廷……………78
刑法上の物は動産に限るか……12
契約の解除………………40
契約の取消し………………40
契約自由の原則……………2
血族………………………79
権限外行為の表見代理………31
検索の抗弁権………………54
原始取得……………………17
原状回復の義務……………63
限定承認……………………98
顕名主義……………………30
権利………………………65
権利行使……………………8
権利能力……………………26
　　──のない社団…………29
権利の行使と犯罪…………102
権利の濫用…………………4

こ

合意………………………26
行為能力……………16, 26, 40
公益法人……………………28
効果意思……………………34
公共の福祉…………………2
公正証書遺言………………93
交通事故の示談……………74
公序良俗……………………32
公道に至るための他の土地の
　通行権……………………45
公法………………………4
効力規定……………………43
国家賠償法による賠償責任…68
婚姻……………………81, 87
　　──の効果……………88
婚姻適齢……………………81
混和………………………21

さ

債権契約……………………26
債権である賃借権…………55
催告の抗弁権………………54
財産分離……………………99
裁判外の和解………………74
裁判上の離婚………………89
財物………………………12
債務名義……………………75
債務不履行…………………61
　　──と犯罪……………102
詐欺罪と債務不履行の関係…103
詐欺による意思表示………37
錯誤………………………36
　　──の規定……………75
差押命令……………………76

し

私権………………………2
　　──の行使……………2
時効………………………25
自主占有……………………14

自助売却権・・・・・・・・・・・・・・・・・・・71
自然血族・・・・・・・・・・・・・・・・・・・・・79
自然人・・・・・・・・・・・・・・・・・・・・・・28
自然的排水のための工事・・・・・・・46
自然の流水・・・・・・・・・・・・・・・・・・46
示談・・・・・・・・・・・・・・・・・・・・・・・・74
示談書・・・・・・・・・・・・・・・・・・・・・・74
質権・・・・・・・・・・・・・・・・・・・・・・・・52
実印・・・・・・・・・・・・・・・・・・・・・・・・49
失火の責任・・・・・・・・・・・・・・・・・・70
指定相続分・・・・・・・・・・・・・・・・・・95
自動車損害賠償保障法による
　損害賠償・・・・・・・・・・・・・・・・・・69
自筆証書遺言・・・・・・・・・・・・・・・・93
私法・・・・・・・・・・・・・・・・・・・・・・・・・4
借家権・・・・・・・・・・・・・・・・・・・・・・57
　──の相続・・・・・・・・・・・・・・・・58
借家のまた貸し・・・・・・・・・・・・・・57
借用証書・・・・・・・・・・・・・・・・・・・・48
私有財産制度・・・・・・・・・・・・・・・・・2
　──の保障・・・・・・・・・・・・・・・・・1
拾得・・・・・・・・・・・・・・・・・・・・・・・・20
重利・・・・・・・・・・・・・・・・・・・・・・・・51
準遺失物・・・・・・・・・・・・・・・・・・・・20
準強盗・・・・・・・・・・・・・・・・・・・・・・71
承継取得・・・・・・・・・・・・・・・・・・・・17
商号権・・・・・・・・・・・・・・・・・・・・・・65
使用者責任・・・・・・・・・・・・・・・・・・67
使用貸借・・・・・・・・・・・・・・・・・・・・47
消費貸借・・・・・・・・・・・・・・・・・・・・47
消費物・・・・・・・・・・・・・・・・・・・・・・11
職権主義・・・・・・・・・・・・・・・・・・・・77
所持・・・・・・・・・・・・・・・・・・・・・14, 15

処分権主義・・・・・・・・・・・・・・・・・・77
署名・・・・・・・・・・・・・・・・・・・・・・・・49
所有権・・・・・・・・・・・・・・・・・・・・・・16
　──の限界・・・・・・・・・・・・・・・・44
　──の取得・・・・・・・・・・・・・・・・17
自力救済・・・・・・・・・・・・・・・・・・8, 71
信義誠実の原則・・・・・・・・・・・・・・・3
親権・・・・・・・・・・・・・・・・・・・・・・・・86
人工的流水・・・・・・・・・・・・・・・・・・46
人身傷害の場合・・・・・・・・・・・・・・69
審判離婚・・・・・・・・・・・・・・・・・・・・89
心裡留保・・・・・・・・・・・・・・・・・・・・34

す

推定・・・・・・・・・・・・・・・・・・・・・・・・48
推定相続人・・・・・・・・・・・・・・・・・・92

せ

制限行為能力者・・・・・・・・・・・・・・27
正当防衛・・・・・・・・・・・・・・・・・・・・72
　──の要件・・・・・・・・・・・・・・・・72
成年被後見人・・・・・・・・・・・・・・・・27
責任無能力者の監督責任・・・・・・67
狭い意味の無権代理・・・・・・・・・・31
善意占有・・・・・・・・・・・・・・・・・・・・14
善意・無過失の第三者を保護・・38
先占・・・・・・・・・・・・・・・・・・・・・・・・19
占有・・・・・・・・・・・・・・・・・・・・・・・・14
占有権・・・・・・・・・・・・・・・・・・・・・・15

そ

相続……18
　──の放棄……91, 99
相続欠格……91
相続権……91
相続財産の分割協議……99
相続能力……91
相続分……94
相当因果関係説……62, 66
相隣関係……45
即時取得……19
　──と犯罪……105
訴訟……73
訴訟上の和解……74
損害賠償請求権……61
損害賠償額の予定……62
尊属……80
存続期間……56

た

代襲相続人……94
代替物……10
代物弁済契約……53
代理の効果……30
代理権授与の表示による
　表見代理……31
代理権消滅後の表見代理……32
互いに扶養しなければならない
　義務……85
互いに扶け合わなければ
　ならない……86
他主占有……14
建物……13
担保……52

ち

遅延賠償……62
遅延利息……52
竹木の相隣関係……46
地代……56
嫡出子……81
嫡出でない子……81
仲裁……73
仲裁契約……73
懲戒権……86
　──の濫用……86
調停……73
調停前置主義……89
調停離婚……89
賃貸借……47
賃借人が失火……70

つ

通謀虚偽表示……35

て

抵当権……53
デモの鎮圧……68
添附……21
転付命令……76

と

- 動機の錯誤………………36
- 動産………………………11
  - ——と不動産を分ける理由…13
- 動産取引の公信制度………19
- 当事者主義………………77
- 盗品………………………22
- 動物占有者の責任………68
- 特殊の自力救済…………71
- 特殊の不法行為…………67
- 特定物……………………11
- 特別受益者の相続分……95
- 土地………………………11
  - ——の工作物等の占有者，所有者の責任…68
  - ——の定着物……………12
- 取消し……………………35
- 取締規定…………………43
- 取戻しの請求……………60

な

- 内縁関係…………………87
- 内容の錯誤………………36

に

- 任意規定…………………42
- 任意代理…………………30
- 認知………………………81

は

- 配偶者……………………80
- 廃除………………………92
- 売買………………………17
- 発見………………………20
- 犯罪能力…………………29

ひ

- 非債弁済…………………59
- 非消費物…………………11
- 卑属………………………81
- 被保佐人…………………27
- 被補助人…………………27
- 秘密証書遺言……………93
- 表見代理…………………31
- 表示行為…………………34
- 表示上の錯誤……………36

ふ

- 夫婦財産契約……………88
- 不可分物…………………11
- 不完全履行………………61
- 複利………………………51
- 付合………………………21
- 不代替物…………………11
- 普通の保証………………54
- 不動産……………………11
- 物権………………………55
- 不当利得……………51, 59

不特定物……………………11
不法原因給付………………33
　──と犯罪………………104
不法行為……………………61
　──と犯罪………………64
　──の効果………………66
　──の要件………………64

[ほ]

傍系血族……………………80
法人…………………………28
法定血族……………………79
法定相続分と配偶者居住権…94
法定代理……………………30
法定利息……………………50
法の適用に関する通則法……7
保証…………………………54
保全訴訟……………………76
本権を伴う占有……………15

[ま]

埋蔵物………………………20
また貸し……………………56

[み]

未成年者……………………27
認印…………………………49
民事訴訟手続と犯罪………106
民事不介入の原則……………1

[む]

無過失責任……………………4
　──の原則………………65
無過失責任主義………………5
無権代理……………………31
無効…………………………35
無償契約……………………17

[も]

物……………………………10

[や]

約定利息……………………50
家賃…………………………57

[ゆ]

有償契約……………………17

[よ]

養方…………………………84
養子…………………………82
養親…………………………82

[り]

履行遅滞……………………61
履行不能……………………61

離婚……………………89
利息……………………50
利息制限法………………50
流質……………………52
隣地の使用請求権…………45

れ

連帯債務…………………54
連帯保証…………………54

わ

和解……………………74

山川一陽（やまかわ・かずひろ）

●——略歴
1944年　埼玉県生まれ
1968年　日本大学法学部卒業
東京地方検察庁検事，広島地方検察庁検事，法務省民事局付検事などを経て，現在日本大学名誉教授・博士（法学）

●——主要著書
『仮登記担保と実務』（金融財政研究会）
『民法コンメンタール（相続2）』（共著，ぎょうせい）
『民法総則講義［第5版］』（中央経済社）
『物権法講義［第3版］』（日本評論社）
『担保物権法［第3版］』（弘文堂）
『債権各論講義［改訂版］』（立花書房）
『親族法・相続法講義［第6版］』（日本加除出版）
『法律家の散歩道』（法学書院）
その他多数

新警察民法〔改訂版〕

平成31年2月1日　第1刷発行

著　者　山　川　一　陽
発行者　橘　　　茂　雄
発行所　立　花　書　房
東京都千代田区神田小川町3-28-2
電　話　(03)3291-1561（代表）
ＦＡＸ　(03)3233-2871
http://tachibanashobo.co.jp

平成13年4月10日　初版発行

©2019　山川一陽　　　　　　印刷・製本／萩原印刷
乱丁・落丁の際は本社でお取り替えいたします。
ISBN978-4-8037-2619-0　C3032

実務と判例で学ぶ刑法、刑事訴訟法

警察官のための わかりやすい 刑法

帝京大学法学部教授・弁護士・元検事 佐々木知子 著

刑法総論・各論を一冊で網羅！体系的な理解ができる！

警察官の立場に立った一気に読みたい基本書！

「実務で重要なのはただ1つ、判例です」と言う検事15年の経験を持つ筆者が実務に携わる警察官に向けて、自らの経験を踏まえて、**判例・通説に沿ってわかりやすく刑法を解説**。実務で役立つ判例を多数掲載しており、また随所に**イラストや図表**が入っているので、視覚的にも理解を早める。刑法の総論と各論が一冊で学べる本書を使用すれば、効率良く刑法を学べることは間違いない。しっかりと刑法を理解したい警察官にとって、必携の一冊である。

イラストや図で理解が早まる

A5判・並製・336頁 定価（本体2100円＋税）

立花書房 好評書 一気に読みたい2冊！ （送料：各300円）

警察官のための わかりやすい 刑事訴訟法

元最高検察庁検事・弁護士 加藤　康榮 編集・著
元最高検察庁検事 城　祐一郎 著
東京高等検察庁（最高検察庁事務取扱）検事 阪井　光平 著

公判を見据えた捜査手続を現役の検察官がわかりやすく解説！

近時の重要な捜査・公判を巡る法整備等の解説を含め、**刑事訴訟法の今がわかる！**

多忙な警察官がよりわかりやすくコンパクトに刑事手続を学べるように、**現役の検察官が実務の視点から**刑事訴訟法を解説。近時の重要な捜査・公判を巡る法整備や判例等についても触れられているので、刑事訴訟法の今がわかる。
捜査の章には、実務の視点からの特に豊富な記述があり、実際の現場で役立つ。
公判の章では、被害者特定事項の秘匿や取調ベメモ等の証拠開示など、捜査に関連する重要な事項や判例を掘り下げて紹介。
第一線の警察官が**「一気に読みたい概説書」**であることを目指した渾身の一冊。

A5判・並製・320頁 定価（本体2100円＋税）